全国普通高等院校"十三五"规划系列教材
——城市轨道交通运营管理类

城市轨道交通运营信号基础

主　编　○　徐纪康　赵晓峰　周艳丽
主　审　○　徐瑞华

西南交通大学出版社
·成都·

图书在版编目（CIP）数据

城市轨道交通运营信号基础 / 徐纪康，赵晓峰，周艳丽主编. —成都：西南交通大学出版社，2017.9
全国普通高等院校"十三五"规划系列教材. 城市轨道交通运营管理类
ISBN 978-7-5643-5666-8

Ⅰ. ①城… Ⅱ. ①徐… ②赵… ③周… Ⅲ. ①城市铁路 – 交通信号 – 信号系统 – 高等学校 – 教材 Ⅳ. ①U239.5

中国版本图书馆 CIP 数据核字（2017）第 223436 号

全国普通高等院校"十三五"规划系列教材 —— 城市轨道交通运营管理类
城市轨道交通运营信号基础

主　　编 / 徐纪康　赵晓峰　周艳丽	责任编辑 / 穆　丰
	助理编辑 / 宋浩田
	封面设计 / 何东琳设计工作室

西南交通大学出版社出版发行
（四川省成都市二环路北一段 111 号西南交通大学创新大厦 21 楼　610031）
发行部电话：028-87600564　028-87600533
网址：http://www.xnjdcbs.com
印刷：四川煤田地质制图印刷厂

成品尺寸　　185 mm×260 mm
印张　8　　字数　183 千
版次　2017 年 9 月第 1 版　　印次　2017 年 9 月第 1 次

书号　ISBN 978-7-5643-5666-8
定价　28.00 元

课件咨询电话：028-87600533
图书如有印装质量问题　本社负责退换
版权所有　盗版必究　举报电话：028-87600562

编委会

主　任：徐　刚

副主任：曾翠峰　罗　钦

委　员：王志强　朱　炜　张雄飞　徐纪康

　　　　李　伟　马　羽　曹文忠　郭朝荣

　　　　温少表　潘伟健　姚国如

前　言

　　伴随着我国城市化进程的加快，城市交通问题日益加剧。鉴于轨道交通的安全、准点、节能、环保和大容量等特点，发展以轨道交通为骨干的城市公共交通系统已成为解决城市交通问题的共识。城市轨道交通信号系统提供行车指挥、运行控制和调整、超速防护、自动驾驶等功能，是保证列车运行安全的重要设备。因此，城市轨道交通运营管理专业人员能对信号系统及相关设备有所了解，将更有利于运营工作的开展。

　　《城市轨道交通运营信号基础》课程讲述了信号专业中的各种基础设备及其工作原理，介绍了联锁和闭塞的基本概念和定义，并以此为基础，详细描述了信号系统的架构和功能，包括现在实际使用较多的基于通信的列车运行控制系统（简称CBTC）和无人驾驶信号系统。然后，本书介绍了与信号系统相关的各种运营组织和运营技术指标的计算原理和计算方法。最后，基于现在城市轨道交通网络化运营和互联互通发展趋势，讲解了与网络化运营相关的模式和方法，以及信号与网络化运营相适应的各种原理和方案。

　　目前，虽然各层次的城市轨道交通运营相关的教材比较多，但紧密结合信号与运营之间相关内容的教材仍然少见。鉴于此，本教材立足于城轨，结合多年来"城市轨道交通信号基础"课程的教学实践，以及对实际的CBTC系统和无人驾驶系统的调研等进行整理，形成了这本《城市轨道交通运营信号基础》的教材，力求让学生深入理解信号与运营之间的相结合点。

　　本书由上海工程技术大学徐纪康、上海富欣智能交通控制有限公司赵晓峰、华东交通大学周艳丽共同编写；由同济大学徐瑞华担任主审。

　　在编写过程中，本书大量参考和引用了有关城市轨道交通的文献和相关企业的产品技术资料，在此谨向有关专家及部门致以最衷心的感谢。鉴于编写人员水平有限、资料难以收集齐全及实践经验的局限性，书中难免有不足之处，恳请读者批评指正。

编　者

2017年7月

目 录

1 绪 论 ·· 1
   1.1 城市轨道交通的历史和发展 ·· 1
   1.2 城市轨道交通信号与运营之间的关系 ······································ 3
   1.3 本书的主要内容和结构 ·· 6
2 城市轨道交通信号设备 ·· 7
   2.1 继电器 ·· 7
   2.2 信号机 ·· 17
   2.3 道岔与转辙机 ·· 23
   2.4 应答器 ·· 30
   2.5 计轴器 ·· 33
3 CBTC 信号系统 ·· 43
   3.1 联锁原理 ·· 43
   3.2 闭塞原理 ·· 51
   3.3 CBTC 信号系统原理和功能 ·· 58
   3.4 无人驾驶信号系统 ·· 65
4 信号系统中的运营性能 ·· 72
   4.1 牵引计算原理 ·· 72
   4.2 基于移动闭塞的列车间隔时间计算 ······································· 84
   4.3 基于信号系统的折返能力计算 ··· 87
5 运行图与信号系统 ·· 93
   5.1 运行图 ·· 93
   5.2 运行图在信号系统中的应用 ·· 94
   5.3 运行图的调整 ·· 98
   5.4 案例分析 ·· 100
6 网络化运营与信号系统 ·· 103
   6.1 网络化运营 ·· 103
   6.2 网络化运营下的调度功能 ·· 107
   6.3 信号系统与网络化运营 ·· 112
参考文献 ·· 118

1 绪 论

1.1 城市轨道交通的历史和发展

随着社会与经济的发展，城市化已成为当今世界发展的重要趋势。城市化是人与物、资金、技术、信息等由乡村向城市、由小城镇向大城市、由空间上的平面向某些点聚集的历史过程。在城市化的历程中，不同规模及不同发展阶段的城市产生了不同的交通需求，需要通过相应的交通技术及运输工具来加以满足。从许多国际化大都市发展的实践来看，轨道交通以其运量大、速度快的技术优势成为城市交通结构中不可缺少的组成部分，它较好地解决了大、中型城市交通日益增长的供需矛盾问题，并满足了城市化发展的要求。与城市的形成、发展及城市化进程的初级阶段、中级阶段和高级阶段相对应，城市交通的发展也分为初级、中级和高级三个阶段；相应的，作为城市交通主要组成部分的城市轨道交通的发展也经历了生成期、成长期和成熟期三个阶段。

1.1.1 生成期的城市轨道交通

生成期城市轨道交通的变革具有时代的爆发性。城市化初期，由工业技术进步所创造的所有先进交通工具基本上被首先用于解决市际交通问题。当城市化进程发展到一定程度，城市规模扩大到只有利用交通工具才能保证城市经济生活的正常进行时，城市内部交通系统开始诞生，出现了相应的交通工具并逐渐有所发展。正是在这种背景之下，1828年在巴黎出现了一种可供14人乘坐的单行"公共马车"，并以固定路线、固定价格、按固定站循环的方式运载乘客，这是历史上第一条公共交通线。随后又演变成马拉轨道车，从而拉开城市轨道交通发展的序幕。

1.1.2 成长期的城市轨道交通

工业革命以后的城市规划无不把城市交通放到了极为重要的地位。同时，城市交通的侧重点从城市的外部交通逐渐转移到城市内部交通特别是轨道交通上来，先进的交通工具也随即从外部交通转到内部交通中来。比如，伦敦、巴黎、纽约、东京和柏林都曾把部分市际铁路改造为市郊铁路，甚至把蒸汽牵引方式也一度引入城市内部交通之中。随着城市内部交通的发展，关于城市轨道交通的成分比例也越来越大，这一过程与城市化的步伐是紧密相连的。

城市化要求城市交通系统的规模与其发展的规模相适应。随着城市化进程的加快和城市规模的扩大，除了要保证城市内部人员的正常出行需要并发展相应的城市客运交通工具以外，交通工具的规模（即承运能力）必须与城市化本身发展的规模相适应。从马车、马拉轨道车向有轨电车、地铁方向的发展，不仅仅表现了交通工具的变革，最主要地还是体现了承运能力的变革。

成长期的城市轨道交通系统已相当完备，在城市交通中所占的比重已越来越大。进入成长期后，英、法等国城市交通系统迅速发展，在很短时间里就把由工业革命带来的各种先进技术用到了城市交通系统中来，尤其体现在市内交通部分。在交通工具的更新与改造方面，更是不遗余力。

1852年，欧洲有9个城市出现了有轨电车。此后，有轨电车就一直作为城市公共交通的主要手段。1863年世界上第一条地下铁道在英国伦敦建成，同期出现城市铁路郊区线路。到了第一次世界大战前夕，世界上至少有12个城市修建了地铁，它们分别是：伦敦（1863年）、纽约（1868年）、伊斯坦布尔（1875年）、布达佩斯（1897年）、格拉斯哥（1897年）、威尼斯（1898年）、巴黎（1900年）、波士顿（1901年）、柏林（1902年）、费城（1907年）、汉堡（1912年）、布宜诺斯艾力斯（1913年）。

轨道交通伴随着城市公共交通的发展而生成，它从一开始就以大众作为主要运输服务对象，并逐步成为城市公共交通结构中不可缺少的组成部分。这种运行方式正好适应了随着城市化发展城市客流对公共交通变化的需要。在以后近百年的时间里，许多大城市基本上把城市轨道交通的发展作为城市公共交通系统的主体来对待。从一定程度上讲，轨道交通在现代城市交通的大众化中起着不可忽视的重要作用，其飞速发展是历史的一种必然趋势。

1.1.3 成熟期的城市轨道交通

和任何事物的变化规律一样，城市轨道交通也有一个产生、发展、成熟的过程。这其中除了技术因素外，更重要的是社会因素。第二次世界大战以后，世界各国的经济进入了一个新的发展期。在二战前城市化水平比较高的国家，在战争后又迅速进入城市化发展比较成熟的阶段。而不少在二战前城市化水平并非很高的国家或地区，由于城市经济的飞跃发展也迅速达到了城市化比较成熟的阶段。由城市化发展与城市交通发展的紧密关系所决定，一些发达国家或地区的城市交通，特别是轨道交通发展也进入了成熟期。

由工业革命推动的城市化进程，在一些发达国家经过近一个世纪的加速发展后，先后于20世纪70、80年代进入稳定期。从总体上说，城市化中的城市人口所占总人口比例达到80%就基本上处于稳定状态了。它既标志着城市化发展已基本上进入了稳定成熟期，也标志着人与物向城市空间运动的规模流量积沉达到了空前的水平。同时，市际交通与市内交通的规模也达到了空前水平。

促使城市交通进入成熟期的因素是多方面的。但总的说来可归结为两个方面：一个方面是城市经济的进一步发展，并最终把城市化发展推向了成熟阶段；另一个方面则是城市交通本身的进一步发展，使其不仅在满足城市对内与对外交通需求方面得到了进一步满足，而且在交通系统及运输手段革新方面也有了极大的发展和完善,从而保证了城市轨道交通的发展在一些发达城市进入了成熟期。

1.2 城市轨道交通信号与运营之间的关系

本小节主要通过一个案例来介绍轨道交通信号与运营之间的相辅相成关系。如图 1.1 所示为 1828 年依靠蒸汽机车实现的轨道交通。

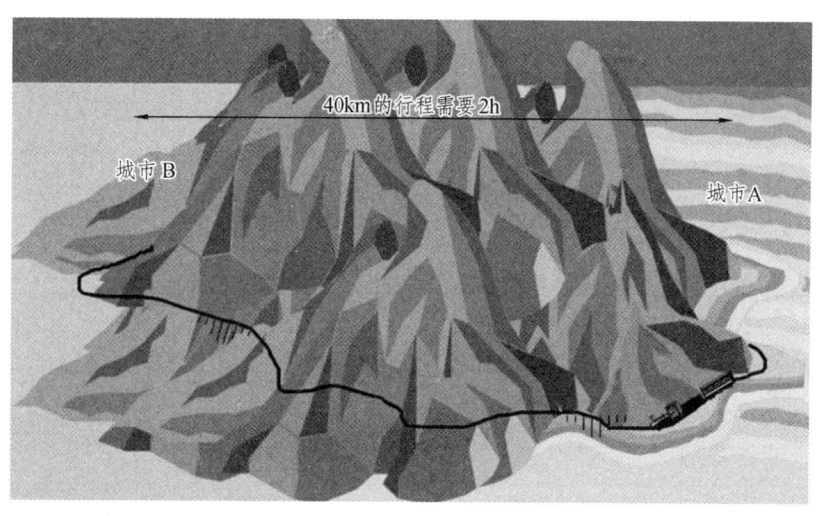

图 1.1 1828 年的轨道交通现状

当时的线路单一,车次只有一列,时刻表非常简单,运输能力也非常低,如表 1.1 所示。乘客需要在车站等待的时间非常长,服务效率低下。

表 1.1 时刻表信息

城市 A		城市 B	
列车到达	列车出发	列车到达	列车出发
	9:00	11:00	
14:00			12:00
	15:00	17:00	
20:00			18:00

轨道交通发展到第二阶段,随着轨道交通道岔设备的产生,具备允许列车在车站停靠在轨道支线的条件了。同时运输能力有了进一步的提高,可以保证两列列车在同一条线路上运营。如图 1.2 所示,时刻表信息如表 1.2 所示。

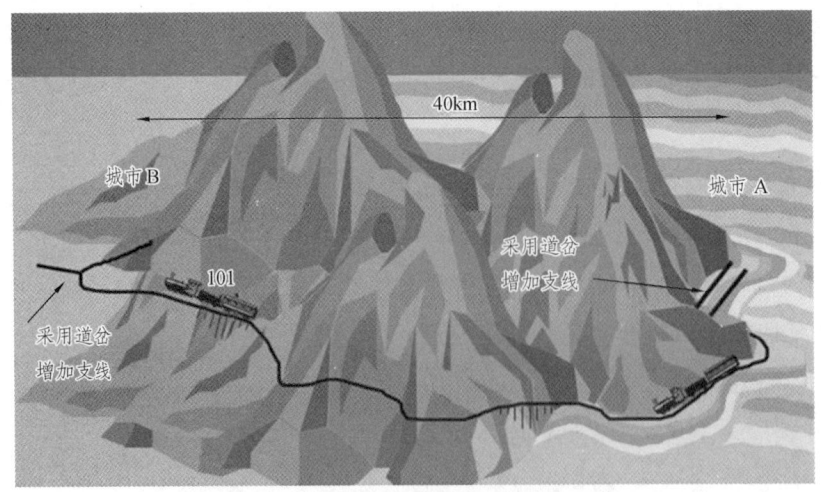

图 1.2　带道岔的轨道交通线路

表 1.2　时刻表信息

城市 A		城市 B	
列车到达	列车出发	列车到达	列车出发
	101　9:00	101　11:00	
	102 10:00	102　12:00	
101 14:00			101 12:01
102 15:00			102 13:00
	101 15:01	101 17:00	
	102 16:00	102 18:00	
101 20:00			101 18:01
102 21:00			102 19:00

但是,当有两列以上的列车在区间运行时,后车并不知道前方列车的运行情况。如果前车发生故障而导致列车无法运行时,需要考虑安全和影响因素。因此,产生了信号机等设备,用于提前告诉后续列车的司机前车运行情况并采取相应的措施。如图 1.3 所示。

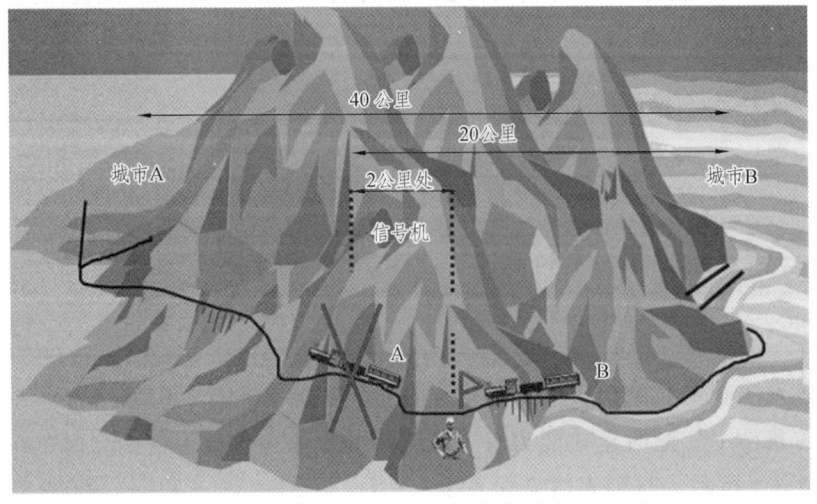

图 1.3　集成信号机和道岔的轨道交通系统

随着信号设备的发展和完善,如今的城市轨道交通运营达到了更高的效率。城市轨道交通具备了 ATC 信号系统后,能实现高效的运行能力,同时也降低了司机的工作强度,如图 1.4 所示。

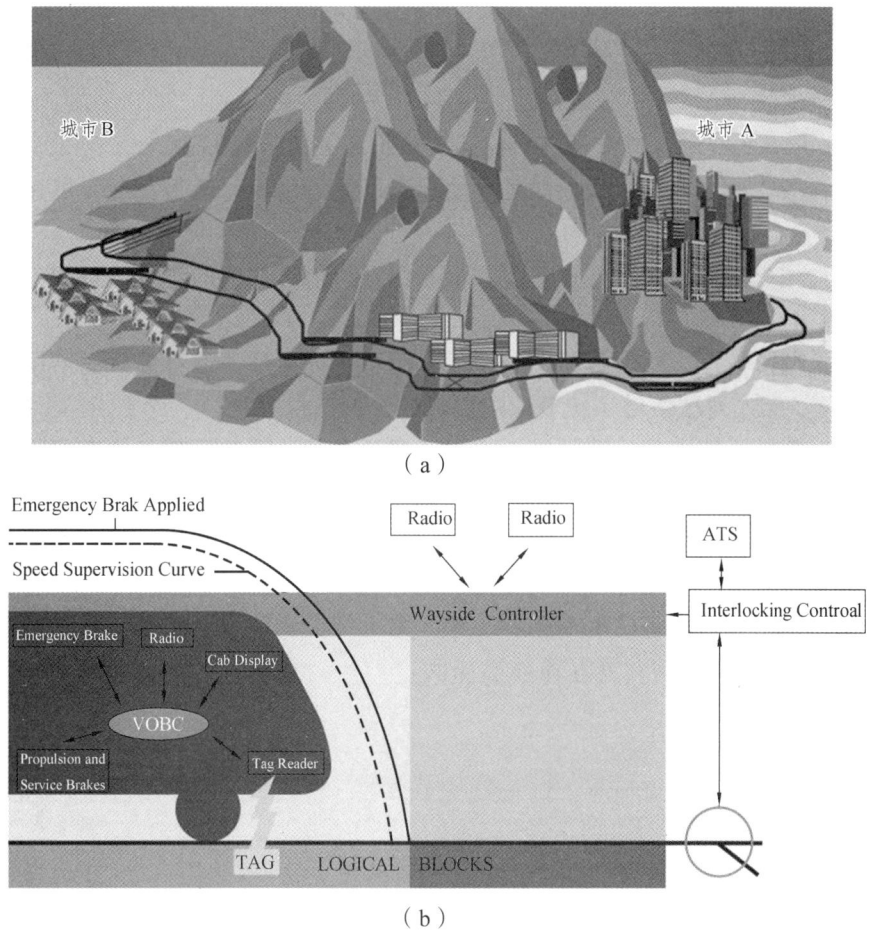

图 1.4 集成 ATC 系统的轨道交通系统

具备了信号系统之后,整体的运行效率才能满足如图 1.5 所示的运行图要求。

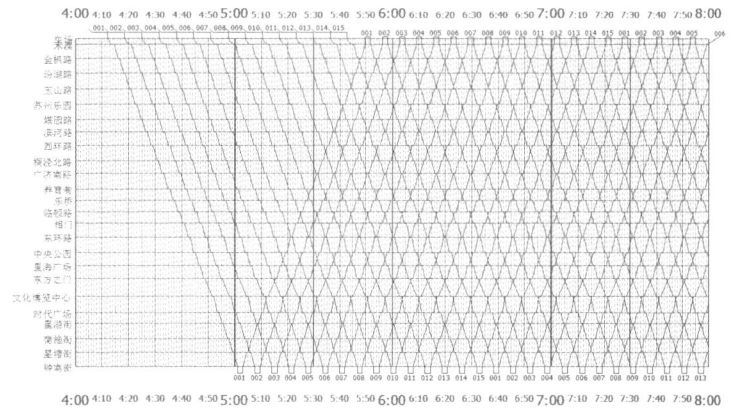

图 1.5 运行图

因此，轨道交通运输能力的发展与信号有着密不可分的关系。通过信号设备的发展和提升，才能实现高密度高效率的运输能力。

1.3 本书的主要内容和结构

本书主要介绍在城市轨道交通中，与运营组织相关的信号知识。

第 1 章：概述。介绍轨道交通的发展情况，以及时刻表与轨道交通发展过程之间的相关关系。

第 2 章：城市轨道交通信号设备。主要介绍了与信号相关的各种设备的工作原理、类型和作用等内容。

第 3 章：城市轨道交通信号系统。主要介绍了各种类型的信号系统的结构和功能，包括 CBTC 系统、无人驾驶信号系统等应用比较广泛的信号系统。

第 4 章：信号系统中的运营性能。主要介绍了牵引计算的原理，并介绍了如何分析列车之间的追踪间隔以及折返站的折返能力计算。

第 5 章：运行图与信号系统。主要介绍了运行图如何在 ATS 中使用，以及基于运行图的 ATS 调整功能等。

第 6 章：网络化运营与信号系统。主要介绍了城市轨道交通的信号系统与部分网络化运营的关系以及信号系统的互联互通标准规范。

2 城市轨道交通信号设备

2.1 继电器

继电器是自动控制系统中常用的电器,用于接通和断开电路,以发布控制命令和反映设备状态,从而构成自动控制和远程控制电路。信号继电器是用于城市轨道交通信号技术中各类继电器的统称(在信号系统中简称继电器),主要作为电子式或计算机式信号系统的接口部件,发挥着不可缺少的重要作用。继电器动作的可靠性直接影响到信号系统的可靠性和安全性。

2.1.1 继电器的基本原理

继电器种类很多,性能各不相同,结构形式各种各样,但都由电磁系统和接点系统两大主要部分组成。其中电磁系统由线圈、固定铁芯、轭铁以及可动的衔铁构成,接点系统由动接点和静接点构成。当线圈通入一定数值的电流后,由于电磁感应产生电磁吸引力,吸引衔铁,由衔铁带动接点系统,改变其状态,从而反映输入电流的情况。

最简单的电磁继电器如图 2.1 所示。当给线圈通以一定数值的电流后,在衔铁和铁芯之间产生一定数量的磁通,该磁通通过铁芯、衔铁、轭铁和气隙,形成一个闭合磁路,铁芯对衔铁就产生了吸引力。

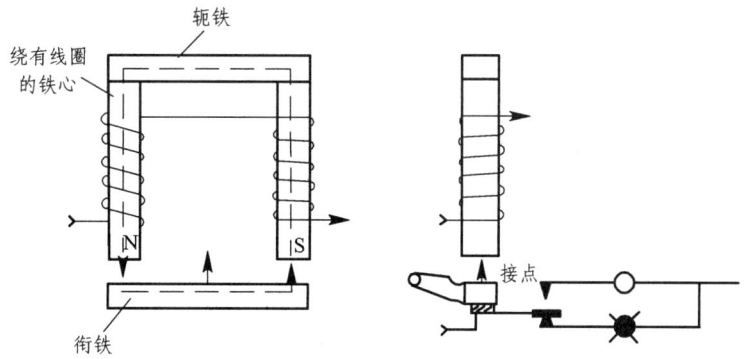

图 2.1 电磁继电器的基本原理

吸引力的大小取决于所通电流的大小。当电流增大到一定值时,当吸引力增大到能克服衔向铁芯运动的阻力时(主要是衔铁自重),衔铁就被吸向铁芯。由衔铁带动的动接点(随衔铁一起动作的接点)也随之动作,与动合接点(前接点,以下简称前接点)接通。此状态称为继电器励磁吸起（以下简称吸起）。吸引力随电流的减小而减小，当吸引力减小到不足以克服衔铁重力时衔铁靠自重落下（称为释放），衔铁带动动接点与前接点断开，与动断接点后接点（以下简称后接点）接通。此状态称为继电器失磁落下（以下简称落下）。

继电器具有开关特性，利用它的接点通、断电路，可构成各种控制和表示电路。继电器也具有继电特性，能以极小的电信号来控制执行电路中相当大的对象，能控制多个对象和多个回路，能控制远距离的对象。此外，继电器还有故障-安全（发生故障时导向安全）性能，抗雷击性能强、无噪声、不受周围温度影响等特性。

由于上述这些性能，信号继电器在城市轨道交通以电子器件和计算机构成的信号系统中，（如：计算机联锁、微机监测等设备中），作为其接口部件，将系统主机与轨道电路/计轴、信号机、道岔转辙机等执行部件结合起来。虽然已出现全电子化的系统，但要全部取消继电器仍然需要相当长的时间。所以，不仅在现在，更是在未来，信号继电器在城市轨道交通信号领域将始终起着重要作用。

2.1.2 信号继电器的分类

继电器类型繁多，信号继电器种类也不少，可按不同方式分类。

1. 按动作原理分类

可分为电磁继电器和感应继电器。

电磁继电器是通过继电器线圈中的电流在磁路的气隙（铁芯与衔铁之间）中产生电磁力，吸引衔铁，带动接点动作的。此类继电器数量最多。

感应继电器是利用电流通过线圈产生的交变磁场与另一交变磁场在翼板中所感应的电流相互作用产生电磁力，使翼板转动而动作的。

2. 按动作电流分类

可分为直流继电器和交流继电器。

直流继电器是由直流电源供电的，它按所通电流的极性，又可分为无极、偏极和有极继电器。直流继电器都是电磁继电器。

交流继电器是由交流电源供电的。它按动作原理可分为电磁继电器和感应继电器。

整流式继电器虽然用于交流电路中，但它用整流元件将交流电流整流为直流电，所以其实质上是直流继电器。

3. 按输入量的物理性质分类

可分为电流继电器和电压继电器。

电流继电器反应电流的变化，它的线圈必须串联在所反映的电路中。该电路包含被反映的器件，如电动机绕组、信号灯泡等。

电压继电器反映电压的变化，它由线圈励磁电路单独构成。

4. 按动作速度分类

可分为正常动作继电器、缓动继电器和快动继电器。

正常动作继电器，其衔铁动作时间为 0.1～0.3 s。大部分信号继电器属于此类，一般无需加此称呼。

缓动继电器，其衔铁动作时间超过 0.3 s，又分为缓吸、缓放。时间继电器是利用脉冲延时电路或软件设定使之缓吸。缓放型继电器利用短路铜环产生磁通使之缓动，主要取其缓放特性。

快动继电器，其衔铁动作时间小于 0.1 s。

5. 按接点结构分类

可分为普通接点继电器和加强接点继电器。

普通接点继电器具有开端功率较小的接点的能力，以满足一般信号电路的要求，多数继电器为普通接点继电器，一般不加此称呼。

加强接点继电器具有开断功率较大的接点的能力，以满足电压较高、电流较大的信号电路的要求。

6. 按工作可靠程度分类

可分为安全型继电器和非安全型继电器。

安全型继电器（N 型）是无需借助于其他继电器，亦无需对其接点在电路中的工作状态进行监督检查，其自身结构便能满足一切安全条件的继电器，其特点是：

（1）当线圈断电时，衔铁可借助自身重量释放，从而使前接点可靠断开。

（2）选用合适的接点材料，构成非熔接性前接点，或采用能防止接点熔接的特殊结构。

（3）当一组不应闭合的后接点仍然闭合时，结构上能防止所有前接点闭合。

非安全型继电器（C 型）是必须监督检查接点在电路中的工作状态，以保证安全条件的继电器，其特点是：

（1）由于继电器在使用时已检查了衔铁的释放，因此不必采用非熔接性接点材料。

（2）当一组不应闭合的前接点仍然闭合时，结构上能保证所有后接点不闭合。反之亦然。

安全型继电器主要依靠衔铁自身释放，故又称重力式继电器；非安全型继电器主要依靠弹簧弹力释放衔铁，故又称弹力式继电器。一般来说，安全型继电器的安全性、可靠性高于非安全型继电器。

2.1.3 常用安全型继电器

2.1.3.1 JWXC 型直流无极继电器

安全型继电器为直流 24 V 系列的重力式直流继电器。其典型结构为无极继电器，其他各型继电器均由无极继电器的派生，因此，绝大多数零件都能通用。

无极继电器由直流电磁系统与接点系统两大部分组成。直流电磁系统由线圈、铁芯、衔铁、轭铁以及衔铁止片等五部分组成。接点系统由接点片、重锤片、接点拉杆、接点托片等四部分组成。

JWXC 型继电器的基本结构如图 2.2 所示，电磁系统的线圈水平安装在铁芯上，分为前线圈和后线圈，以便分别使用。

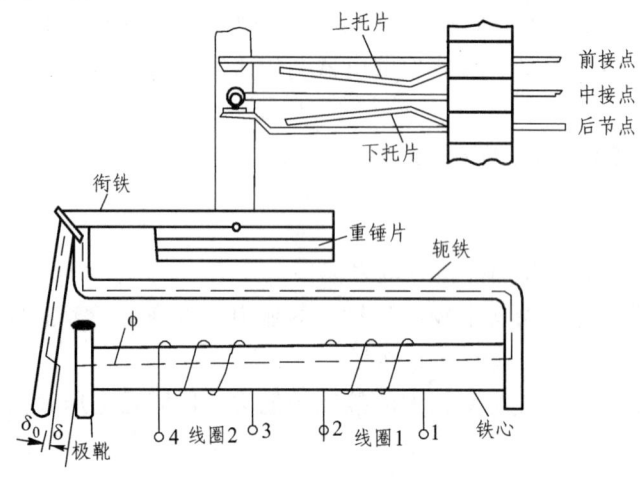

图 2.2　JWXC 型继电器的基本结构

继电器的特点是：只要通入继电器线圈的直流电流达到规定值，无论什么极性都能吸起。它分电压型和电流型两种：电压型线圈与电源并联，电流型线圈串联在电源回路中。因而电压型继电器线圈匝数较多、线径细、线圈电阻较大；电流型继电器线圈匝数较少、线径粗、线圈电阻较小。根据继电器型号中线圈电阻值就可以确定继电器属于哪一类。

在线圈上有一定数量的电流流过时，由于线圈通电而产生磁场，在铁芯、轭铁、衔铁气隙等形成的回路中产生磁通。这个磁通所经过的路径称为磁路。当线圈中的电流逐渐达到一定数量安匝时，由于磁通的作用，在工作气隙处对衔铁产生一定的电磁力，当此电磁力足以克服重锤片、推杆、接点弹片等对衔铁的作用力时，使衔铁吸向铁芯，衔铁推动推杆上升，带动中接点，使其与后接点断开，与前接点闭合。这时，继电器为吸起状态。当线圈中的电流减小时，铁芯中磁通也随之减少，磁极对衔铁的吸力不能克服重锤片、推杆以及接点弹片对接点的作用力时，衔铁释放，使中接点离开前接点，而与后接点闭合，这时称为落下状态。这种继电器的动作与通过线圈的电流大小有关，而与电流的方向无关。但两线圈磁通方向必须一致，否则，磁通相互抵消，继电器不能吸起。

2.1.3.2　JZXC 型整流式继电器

在只有交流电源供电处，其监督或记录继电器采用整流式继电器。整流式继电器一般常用的有 JZXC-480、JZXC-H156、JZXC-0.14、JZXC-H18 以及派生的 JZXC-H18F 等。各种型号的整流式继电器的工作原理与构成基本相同，均由整流器与直流无极继电器构成。整流方式有两种：桥式整理和半波整流。

在直流无极继电器中接点上部安装半导体整流元件，将交流电变成直流电，作为直流无极继电器。

整流式继电器磁路工作原理与直流无极继电器相同。通过继电器线圈的电流是整流而来的。实际在线圈上所加的是一种全波或半波的脉动直流。由于这种脉动直流使磁路中磁通也存在交变成分，电磁吸力也产生脉动，引起继电器工作时发出声响，这对继电器工作来说是不利的。

2.1.3.3　JPXC型偏极继电器

偏极继电器能反映通入继电器线圈电流的极性，一般在道岔表示电路中使用。偏极继电器与无极继电器的结构基本相同，只是磁路系统中有特殊部分，即铁芯极靴为方形，衔铁为方形，方形极靴下端装有 L 形永久磁铁，磁路系统的结构如图 2.3 所示。当输入线圈的电流大小达到规定值，并且极性与要求相同时，继电器才能励磁，而电流的方向相反时，衔铁保持不动。

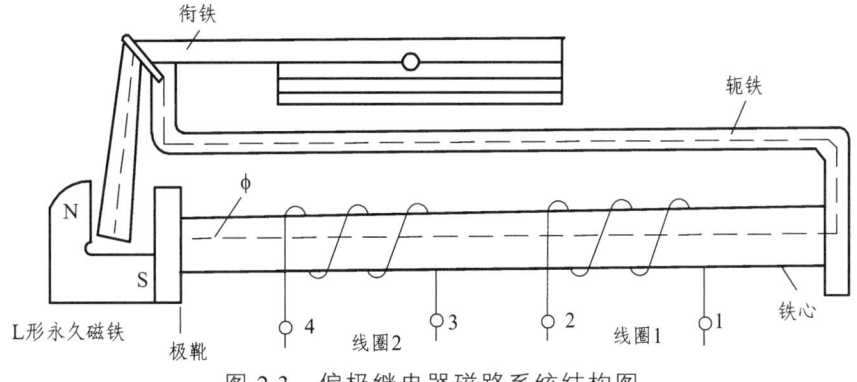

图 2.3　偏极继电器磁路系统结构图

2.1.3.4　JYXC型有极继电器

继电器的吸起与释放和电流极性有关，而且在断电后仍保持原来通电时的状态不变。当继电器线圈通以正向电流时，继电器励磁，断电后仍保持在励磁状态；只有在通以反极性电流时，衔铁才能返回，反之亦然。因此规定：定位为衔铁吸合状态，对应接触的接点为定位接点；反位为打落状态，对应接触的接点为反位接点。

JYXC 型继电器主要用于道岔启动电路。一般有两种类型：普通接点型，如 JYXC-270；加强接点型，如 JYJXC-220/220。

有极继电器的接点系统与无极继电器基本相同，在磁路中有所不同，磁路中增加了永久性磁铁。用一块端部成刀型的永久磁铁代替无极继电器的部分轭铁，磁铁与衔铁间用螺钉紧固，衔铁上没有止片，如图 2.4 所示。

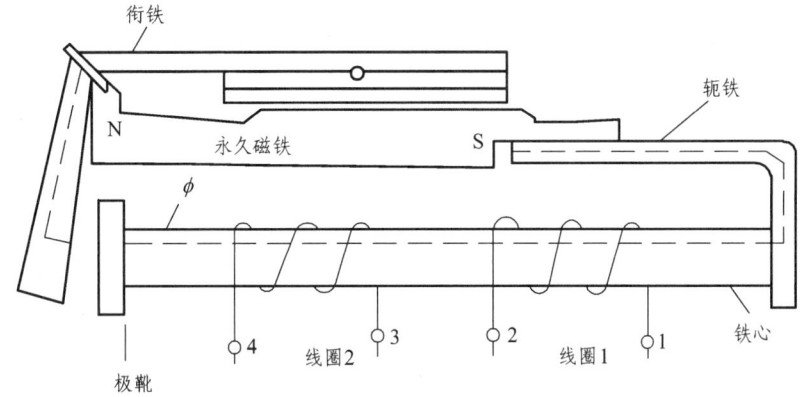

图 2.4　有极继电器磁路系统结构图

2.1.4 典型继电器电路

在城市轨道交通中,继电器的应用范围主要是作为计算机联锁与轨旁室外设备的接口电路,包括状态采集电路和命令驱动电路。整个电路在与室外设备一一对应的基础上,以组合柜的形式安装在轨旁信号设备室中。组合柜的布置方式如图 2.5 所示。

层	架别 位置 名称	1	2	3	R1 4	5	6
8							
7	P4/P5/ P6/P7		P4-BHJ JWXC-1700	P4-BHJF JWJXC-480	P5-BHJ JWXC-1700	P5-BHJF JWJXC-480	P6-BHJ JWXC-1700	P6-BHJF JWJXC-480
6	P7	FUSE 220V(5A)	FUSE 220V(6A) 220V(5A)	P7-BB BD1-A7	P7-1DQJ JWJXC-H125/0.44	P7-2DQJ JYJXC-135/220	P7-DBJ JPXC-1000	P7-FBJ JPXC-1000	P7-ENJ JPXC-1000
5	P6	FUSE 220V(5A)	FUSE 220V(6A) 220V(5A)	P6-BB BD1-A7	P6-1DQJ JWJXC-H125/0.44	P6-2DQJ JYJXC-135/220	P6-DBJ JPXC-1000	P6-FBJ JPXC-1000	P6-ENJ JPXC-1000
4	P5	FUSE 220V(5A)	FUSE 220V(6A) 220V(5A)	P5-BB BD1-A7	P5-1DQJ JWJXC-H125/0.44	P5-2DQJ JYJXC-135/220	P5-DBJ JPXC-1000	P5-FBJ JPXC-1000	P5-ENJ JPXC-1000
3	P4	FUSE 220V(5A)	FUSE 220V(6A) 220V(5A)	P4-BB BD1-A7	P4-1DQJ JWJXC-H125/0.44	P4-2DQJ JYJXC-135/220	P4-DBJ JPXC-1000	P4-FBJ JPXC-1000	P4-ENJ JPXC-1000
2	P3			P3-DCJ JPXC-1000	P3-FCJ JPXC-1000	P3-ENJ JPXC-1000	P3-DBJ JPXC-1000	P3-FBJ JPXC-1000	
1	P3	FUSE 380V(5A)	FUSE 220V(0.5A)	P3-BB BD1-A7	P3-1DQJ JWJXC-H125/80	P3-BHJ JWXC-1700	P3-2DQJ JYJXC-135/220	P3-1DQJF JWJXC-480	P3-DBQ

图 2.5 组合柜布置图

第一行"架别"是指组合柜的编号。第一列"层"是指组合柜每一层的编号,2 m 高的组合柜可安装继电器的空间,自下而上共计 8 层。

第二行"位置"是指每一层中可安装继电器的位置编号,标准 1 m 宽的组合柜每层可供安装继电器的位置为 10 个。第二列"名称"是指轨旁室外设备的名称。

每组格子中,第一格表示继电器功能,第二格表示继电器型号,如:P4-BHJ 表示道岔 P4 保护继电器,JWXC-1700 表示该继电器的型号是直流无极继电器 1700。

典型继电器电路主要有计轴区段采集和复位电路、信号机采集/驱动和控制电路、道岔转辙机采集/驱动和控制电路。

继电器电路所涉及的线圈图形、符号和接点图形符号如表 2-1 所示。

2.1.4.1 计轴区段采集和复位电路

计轴器是列车位置检测设备,经过计轴室内设备处理后,通过计轴区段状态表示列车的占用与出清。

计轴区段采集电路是用于采集列车是否占用信息的继电器电路,如图 2.6 所示。计轴系统与轨道继电器 GJ 的线圈相连,当区段无列车时,GJ 吸起;当区段检测到列车时,GJ 落下。计算机联锁通过组合柜中的采集电路获取计轴区段 GJ 继电器的接点状态。同时,还需获取计轴区段复位继电器 FWJ 的回采接点状态。

表 2.1 继电器电路图形符号

名称	图形符号	名称	图形符号 形象图	图形符号 工程图	图形符号 原理图
无极继电器（两线圈串联）		前接点闭合			
无极继电器（两线圈分接）		前接点断开			
无极缓放继电器（两线圈串接）		后接点断开			
无极缓放继电器（两线圈分接）		后接点闭合			
加强接点缓放继电器		极性定反位接点组（定位闭合，反位断开）			
有极继电器		极性定反位接点组（定位断开，反位闭合）			
有极加强接点继电器		非自复式按钮按下闭合接点			
偏极继电器		非自复式按钮拉出闭合接点			
整流式继电器		自复式按钮按下闭合接点			
半导体时间继电器 交流二元继电器		电气连接与端子	• 与 ╱		

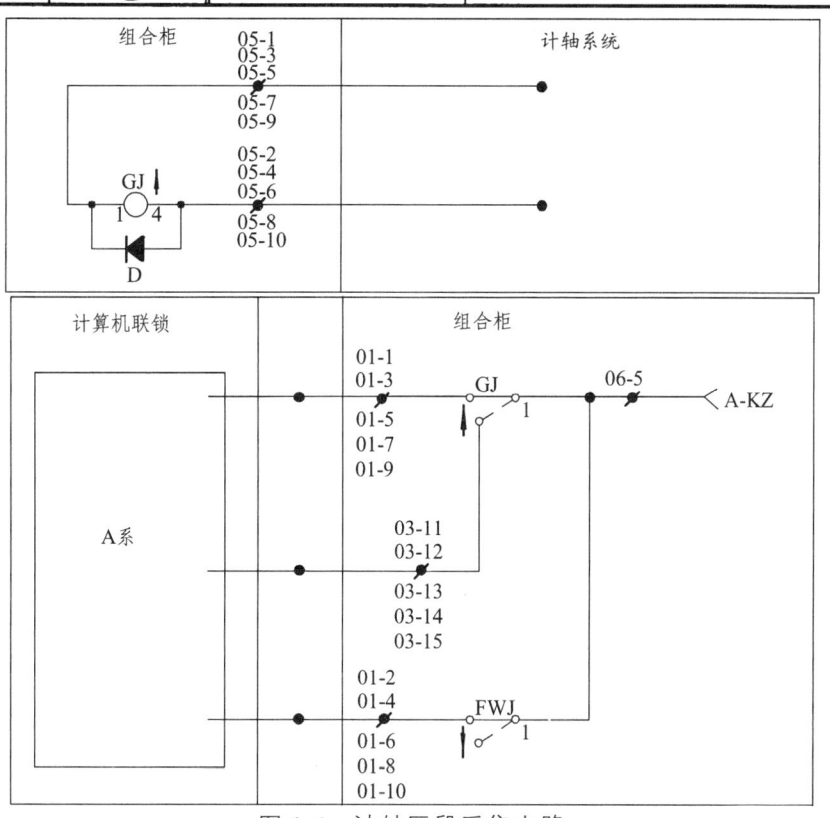

图 2.6 计轴区段采集电路

计轴区段复位电路是在计轴区段故障时，通过室内信号设备远程复位的电路，如图 2.7 所示。计算机联锁通过组合柜中的复位电路驱动计轴区段复位继电器 FWJ 的线圈，计轴系统与 FWJ 继电器接点串联，当 FWJ 吸起时，计轴系统进行故障计轴区段的复位操作。

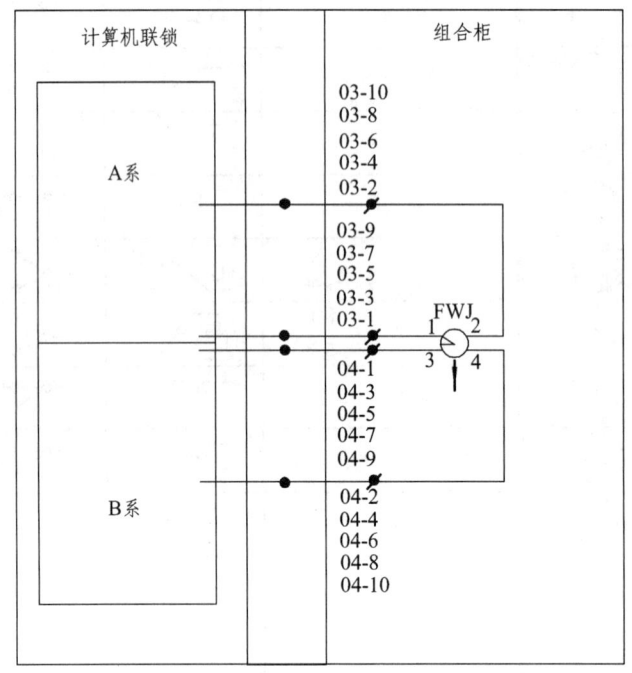

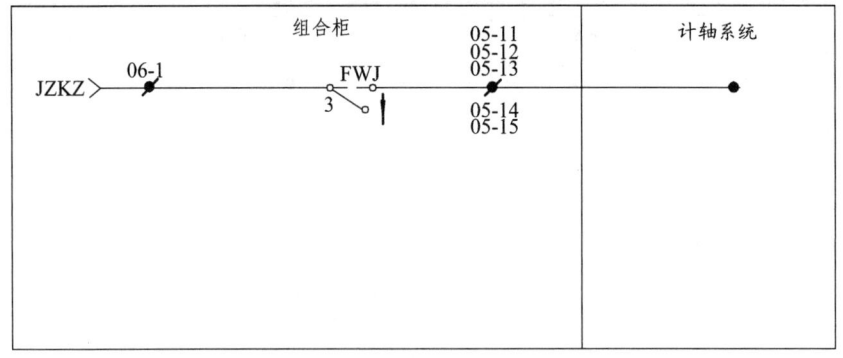

图 2-7　计轴区段复位电路

2.1.4.2　信号机采集/驱动和控制电路

信号机是行车指示设备，计算机联锁通过组合柜中的继电器电路采集信号机各灯位表示，同时输出控制各灯位的驱动命令。在实际应用中，信号机可以有很多灯位，这里以最简单的红绿灯为例讲解信号机相关电路。

信号机采集/驱动电路是与计算机联锁直接相连的电路，如图 2.8 所示。

计算机联锁通过组合柜中的信号机采集电路，获取灯丝继电器 DJ 和正线继电器 ZXJ 的接点状态，其中，DJ 继电器用于表示室外红灯的状态，DJ 继电器吸起表示红灯，落下表示无红灯；ZXJ 继电器用于表示室外绿灯的状态，ZXJ 继电器吸起表示绿灯，落下表示无绿灯。

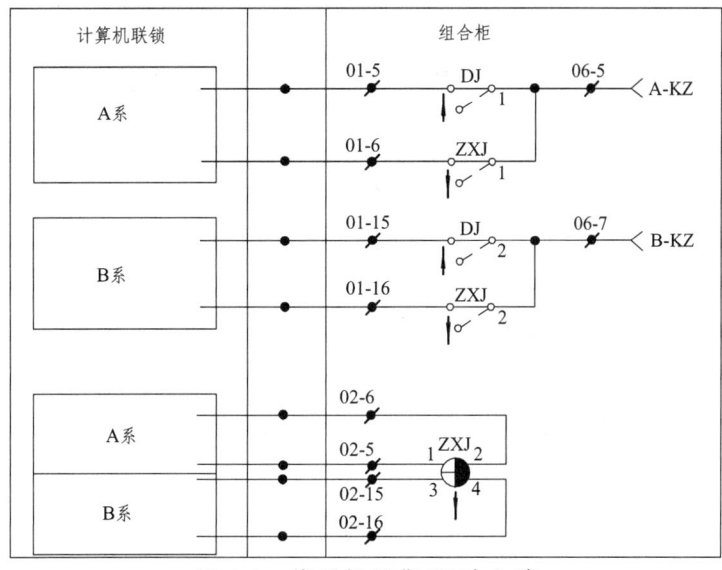

图 2.8 信号机采集/驱动电路

计算机联锁通过组合柜中的信号机驱动电路连接 ZXJ 继电器的线圈,当信号系统需要点亮绿灯时,发出驱动命令,使得 ZXJ 继电器励磁吸起。

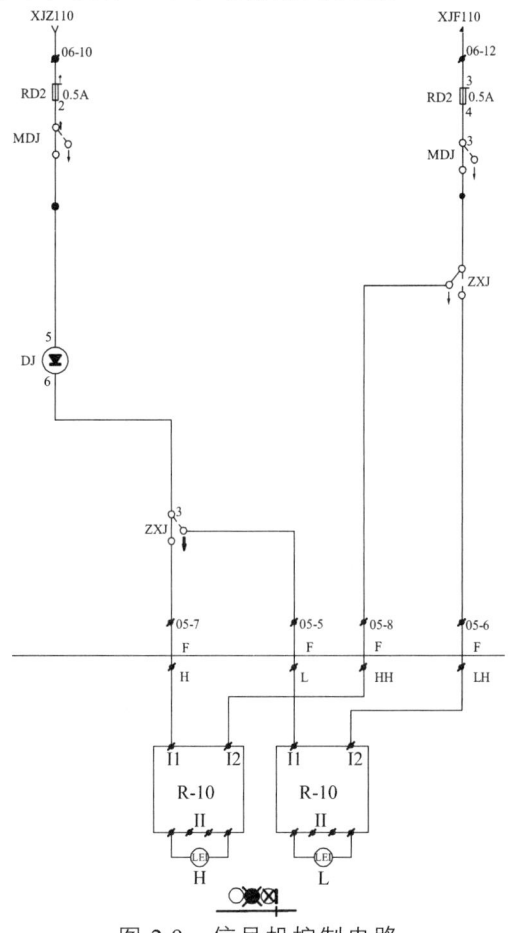

图 2.9 信号机控制电路

015

信号机控制电路由 DJ 继电器、ZXJ 继电器及相关元器件构成，如图 2.9 所示。通常情况下，信号机工作电压是交流 110 V，在没有驱动命令时，室外常亮红灯 H。当信号系统发出绿灯命令时，ZXJ 继电器吸起，电路接通至绿灯 L。在信号机控制电路的去线 H/L 和回线 HH/LH 上，都串联了 ZXJ 继电器的接点，从而构成双断安全电路。

2.1.4.3 道岔转辙机采集/驱动和控制电路

道岔转辙机是实现列车转线的重要机电设备。计算机联锁通过组合柜中的继电器电路采集道岔转辙机的位置，同时输出控制道岔转辙机的驱动命令。在实际应用中，道岔转辙机有很多类型，这里以最常用的交流道岔转辙机为例讲解相关电路。

道岔转辙机采集/驱动电路是与计算机联锁直接相连的电路，如图 2.10 所示。

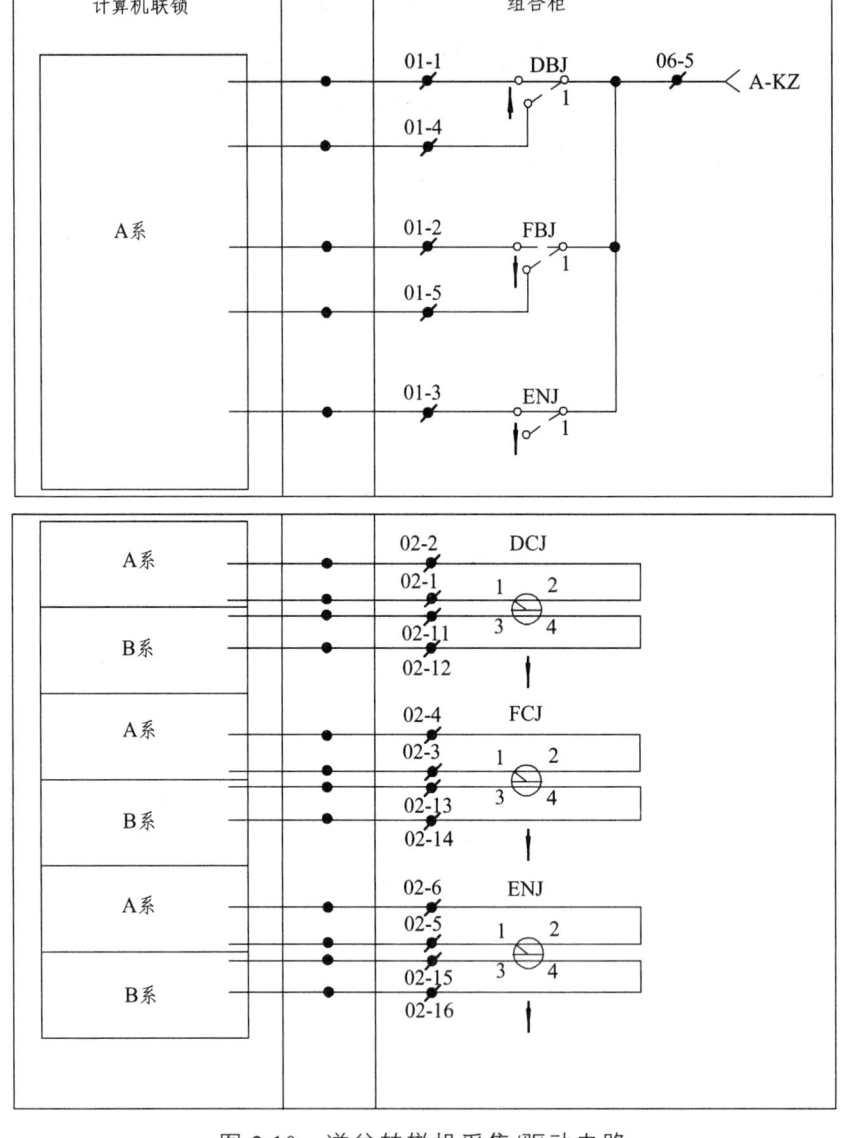

图 2.10 道岔转辙机采集/驱动电路

计算机联锁通过组合柜中的道岔转辙机采集电路，获取道岔定位表示继电器 DBJ 和道岔反位表示继电器 FBJ 的接点状态。其中，DBJ 继电器用于表示室外道岔的定位状态，DBJ 继电器吸起表示定位，落下表示无定位；FBJ 继电器用于表示室外道岔的反位状态，FBJ 继电器吸起表示反位，落下表示无反位。同时，还需获取道岔转辙机使能继电器 ENJ 的回采接点状态。

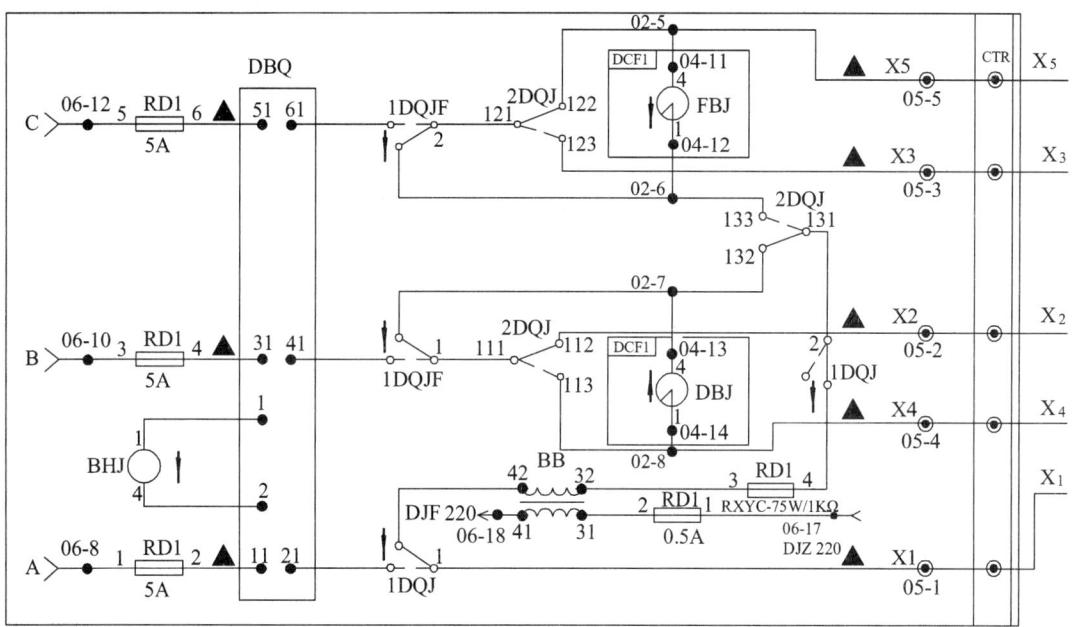

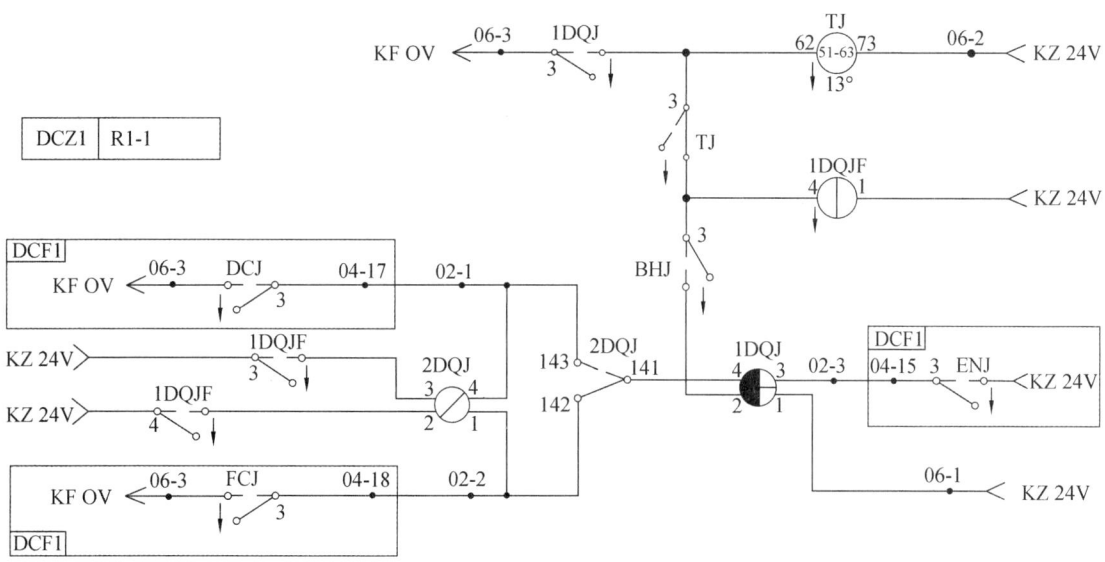

图 2.11 道岔转辙机控制电路

计算机联锁通过组合柜中的道岔转辙机驱动电路连接道岔定位操作继电器 DCJ 和道岔反位操作继电器 FCJ 的线圈，当信号系统需要扳动道岔至定位时，发出定操命令，使得 DCJ

继电器励磁吸起；当信号系统需要扳动道岔至反位时，发出反操命令，使得 FCJ 继电器励磁吸起。此外，还需连接道岔使能继电器 ENJ 的线圈，在进行道岔操作时为道岔解锁。

道岔转辙机控制电路由 DBJ、FBJ、DCJ、FCJ、ENJ 继电器、道岔一启动继电器 1DQJ、道岔二启动继电器 2DQJ 及相关元器件构成，如图 2.11 所示。通常情况下，交流转辙机动作电压是三相交流 380 V，表示电压是交流 220 V，在没有驱动命令时，室外初始位置是定位。当信号系统发出反操命令时，DCJ 继电器落下，FCJ 继电器吸起，电路接通至反位，此时 DBJ 继电器落下，FBJ 继电器吸起。当信号系统发出定操命令时，DCJ 继电器吸起，FCJ 继电器落下，电路接通至定位，此时 DBJ 继电器吸起，FBJ 继电器落下。图中线号 X1～X5 是连接道岔转辙机的线缆。

2.2 信号机

信号机是在室外向列车司机指示各类行车命令的设备，包括停车、正常通过、故障通过等命令。

2.2.1 信号机的基本原理

信号机种类很多，性能各不相同，结构形式各种各样，但都由点灯单元、光源和报警电路组成。信号机基本原理如图 2.12 所示。

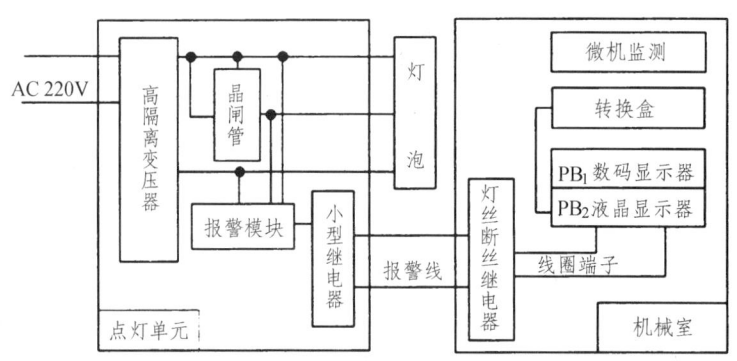

图 2.12 信号机基本原理

输入的交流电源首先经过具有防雷功能的高绝缘隔离变压器，由于该变压器一次、二次线圈经过高绝缘隔离处理，所以它能有效地抑制感应雷的冲击。晶闸管和报警模块平时处于半工作状态，只有出现故障时才工作。小型继电器负责向室内灯丝断丝继电器输送报警条件。室内报警单元具备显示功能，使用数码显示器或液晶显示器。转换盒负责将故障报警发送给微机监测系统，指示信号维修人员进行设备维护工作。

2.2.2 信号机的分类

信号机类型繁多，可按不同方式分类。

1. 按显示光源分类

可分为透镜式信号机和 LED 信号机。

透镜式色灯信号机采用灯泡作为显示光源，配有主副灯丝，结构简单、安全方便，控制电路所需电缆芯线少，早期应用较多。

LED 信号机采用 LED 发光盘作为显示光源，具有结构紧凑、能耗低、寿命长、无需调焦等特点，在城市轨道交通得到了广泛应用。

2. 按显示颜色分类

可分为红灯、绿灯、黄灯、引导、蓝灯、白灯。

红灯表示停车；绿灯表示列车可以通行；黄灯表示列车应减速通行；引导为红灯和黄灯同时显示，表示列车应以人工模式低速通行。

蓝灯和白灯，通常应用在城市轨道交通的车辆段和停车场。蓝灯表示停车；白灯表示列车可以通行。

3. 按灯光配列分类

可分为一显示信号机、两显示信号机、三显示信号机等。

一显示信号机通常为红灯，多安装在线路尽头。

两显示信号机为组合式信号机，在正线通常为红灯和绿灯，在车辆段通常为蓝灯和白灯。

三显示信号机也是组合式信号机，通常为红灯、绿灯和黄灯，多安装在正线。

4. 按功能分类

可分为进站信号机、出站信号机、道岔防护信号机、线路尽头信号机、模式信号机、复示信号机、场段信号机、调车信号机等。

进站信号机设置在车站上游进站位置，用于防护车站，指示列车可否由区间进入车站，以及进入车站的有关条件。

出站信号机设置在车站下游出站位置，用于防护发车进路和区间，指示列车能否向区间发车。

道岔防护信号机设置在道岔的进入位置，用于防护道岔，指示列车能否通过道岔及相应的通过速度。

线路尽头信号机设置在线路尽头，用于防护线路末端，指示司机停车。

模式信号机，通常与正线其他信号机共用机构，用于指示线路的运行模式是处于小间隔的移动闭塞模式，还是大间隔的固定闭塞模式。

复示信号机，通常用于主体信号机显示距离不满足要求时，额外增加的复示主体信号显示的特殊信号机。

场段信号机，设置在正线和车辆段/停车场之间，用于防护转换轨，指示列车能否进入正线，或返回车辆段/停车场。

调车信号机设置在车辆段/停车场，用于防护调车进路，指示列车是否可以通行。

5. 按交通制式分类

可分为地铁和轻轨信号机、有轨电车信号机、胶轮路轨 APM 信号机等。

地铁和轻轨所采用的信号机属于常用信号机，参见上文的描述。

有轨电车由于采用混合路权，所以存在与汽车同向行驶的情况，为了与交通信号灯区分，会设置特殊显示的信号机，如：横线表示停车，竖线表示通行，45°斜线表示减速通行、快速闪烁的圆点表示列车接近道口等。

胶轮路轨 APM 由于采用特殊道岔，所以设置了专门的道岔位置指示器。

2.2.3 常用信号机

2.2.3.1 透镜式信号机

透镜式信号机主要由透镜组和灯泡、灯座、遮檐及背板组成，如图 2.13 所示。透镜组由一块无色的内梯透镜和一块有色的外梯透镜通过透镜框组装在一起。灯泡型号为 12 V/25 W，为保证安全，灯泡全部采用双灯丝。在靠近透镜组内层凸透镜处有安装灯泡的灯座。遮檐可以防止太阳光线的直射和雨雪等对信号显示的影响。背板为黑色，可以衬托出信号机灯光的亮度。

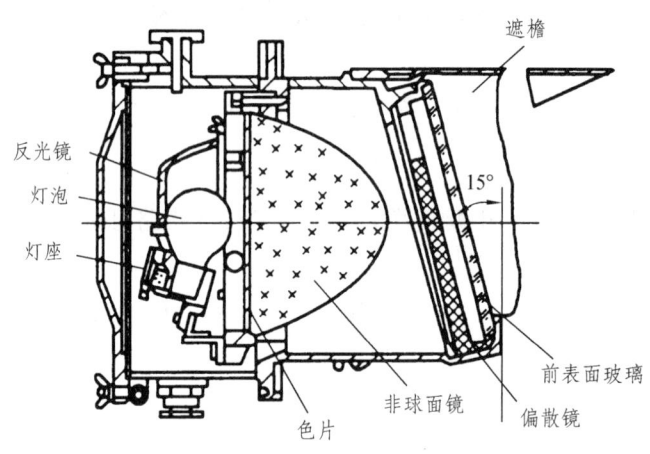

图 2.13 透镜式信号机结构

透镜式信号机的安装形式主要有高柱和矮型两种。矮型没有机柱，信号机构（不带背板）安装在水泥基础上；高柱信号机机构安装在水泥柱上，其他结构相同。

2.2.3.2 LED 信号机

LED 信号机机构的大小与透镜式信号机相同，采用 LED 发光二极管作为信号光源，用以取代传统的双丝信号灯泡和透镜组，从而彻底消除灯丝断丝这一多发性的信号故障，如

图 2.14 所示。

图 2.14 LED 信号机

与透镜式信号机相比，LED 信号机有以下显著优点：

① 可靠性高。LED 信号机发光盘是用上百只发光二极管和数十条支路并联工作的，在使用中即使个别发光二极管或支路发生故障，也不会影响信号的正常显示。

② 寿命长。透镜式信号机双丝灯泡的主丝寿命为 1 000 h，副丝 200 h，而 LED 信号机发光二极管的寿命为 100 000 h，是灯泡的 100 倍。

③ 节省能源。透镜式信号机灯泡功率约 25 W，而 LED 信号机发光盘的耗电量还不到信号灯泡的二分之一。

④ 聚焦稳定。LED 信号机发光盘的聚焦状态在产品设计与生产中已经确定，现场不需调整，给安装和使用带来方便，并能始终保持良好的聚焦状态。

⑤ 光度性好。LED 信号机发光盘除有轴向主光束外，还有多条副光束，有利于增强主光束散角之外以及近光显示效果。

⑥ 无冲击电流。点灯时没有类似透镜式信号机灯泡冷丝状态的冲击电流，有利于延长供电装置的使用寿命，减少对环境的电磁污染。

2.2.4 信号机的布置原则

城市轨道交通轨旁信号机布置是与需要防护的设备或位置有关的，在正线、车场（车辆段或停车场）及转换区均不相同。下面结合站场图示例来介绍。

正线信号机主要用于防护站台、道岔及线路尽头，包括进站信号机、出站信号机、道岔防护信号机和线路尽头信号机。如图 2.15 所示，X04、X13 和 X01 是进站信号机，X02、X19 和 X03 是出站信号机，其中 X01 又是上一站的出站信号机，X03 是下一站的进站信号机；X09、X11、X13、X15、X17 和 X19 是道岔防护信号机；X05 和 X07 是线路尽头信号机。

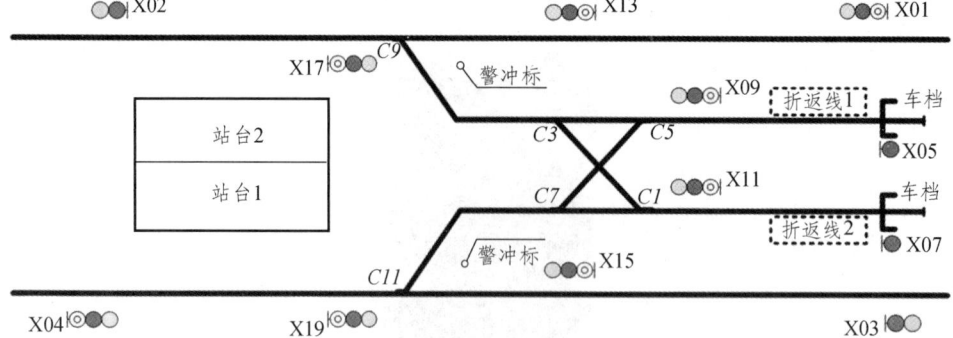

图 2.15　正线信号机典型布置

在无道岔车站，进站和出站信号机只需要两显示的红绿灯信号机。道岔防护信号机均采用三显示的红、绿、黄灯信号机，除根据列车进路方向显示单个灯位外，还需根据引导命令同时开放红灯和黄灯。X01 和 X04 虽然不是道岔防护信号机，但是由于防护进路包含道岔，也需引导功能，所以增加黄灯的设置。

当正线区间较长，为了减小运行间隔，也可以增设虚拟信号机，该信号机只存在于信号系统的数据库中，轨旁室外不需要安装硬件设备，但是虚拟信号机不能用于防护道岔。

车辆段或停车场信号机主要用于防护车场道岔，支持调车进路。如图 2.16 所示，在道岔的前方和后方均设置调车信号机 D88、D89、D92 ~ D98，包括蓝白灯两显示。在车场咽喉区域，还需要设置调车转场作业信号机，采用红白灯两显示信号机，提醒司机通过该信号机后就将进入转换区。在停车列检库中，如果每条存车线支持双列位，那么双列位中间需要设置库线列车阻挡信号机，采用红绿白三显示信号机，绿灯位封闭。

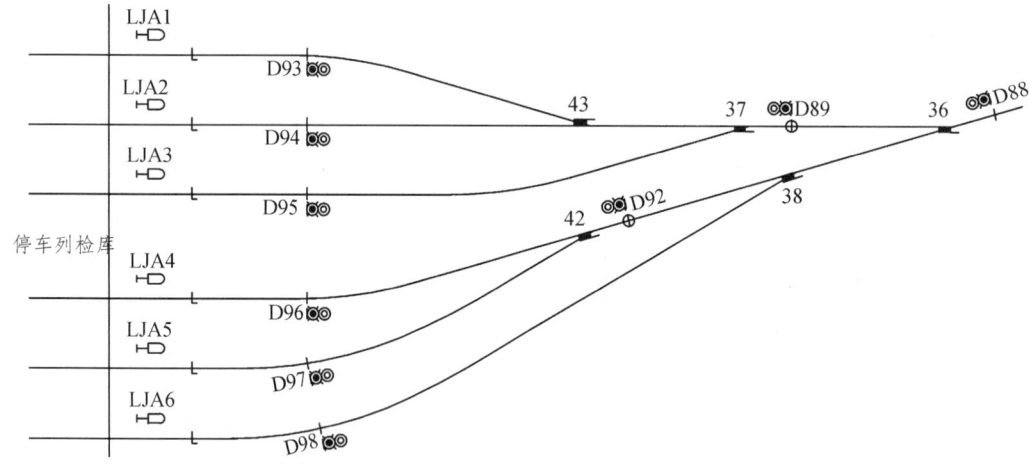

图 2.16　车场信号机典型布置

当车场内配有试车线时，试车线区域除设置调车信号机外，为了配合列车全功能测试，也需要设置类似于正线的红绿灯信号机，区别在于该信号机可以是虚拟信号机。试车线尽头需要设置单显示红灯信号机。

正线和车场之间转换区信号机主要用于提示防护列车是否可以进入正线或车场。如图 2.17 所示，XA 和 XB 是进场信号机，属于车场，采用带引导的五显示机构，其中，一个黄灯或两个黄灯是指示不同进路方向的列车允许信号，红灯是列车禁止信号，红白灯同时显示是列车引导信号，绿灯位封闭。X01 和 X02 是正线入口信号机，采用红绿白三显示信号机，红灯是列车禁止信号，绿灯是前方道岔在定位时的列车允许信号，白灯是前方道岔在侧向位置时的列车允许信号，红白灯同时显示是列车引导信号。

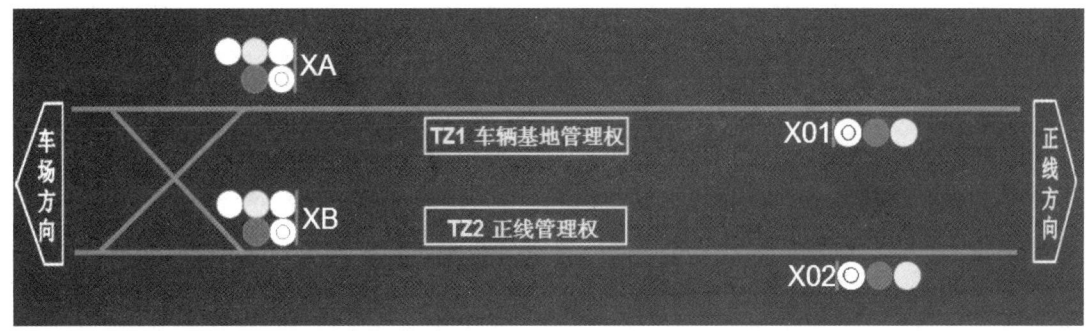

图 2.17　正线和车场之间转换区信号机典型布置

2.3　道岔与转辙机

道岔是决定列车运行进路的关键设备，而动作道岔的设备是转辙机，转辙机设置于道岔尖轨的轨旁或轨间，其动作和表示都需接受信号系统的控制和监督。

2.3.1　道岔组成

道岔的机械结构如图 2.18 所示，有两根可以移动的尖轨，尖轨的外侧是两根固定的基本轨，与尖轨和基本轨相连接的是 4 根合拢轨，其中两根合拢轨是直向的，另外两根合拢轨是弯向的（其曲线叫道岔导曲线），两根内侧合拢轨相连的辙叉，它由两根翼轨、一个岔心和两根护轮轨组成。护轮轨和翼轨用于固定车轮运行方向，因为机车车辆通过道岔时都要经过辙叉的"有害空间 S"，如果不固定车轮轮缘的前进方向，就有可能造成脱轨事故。

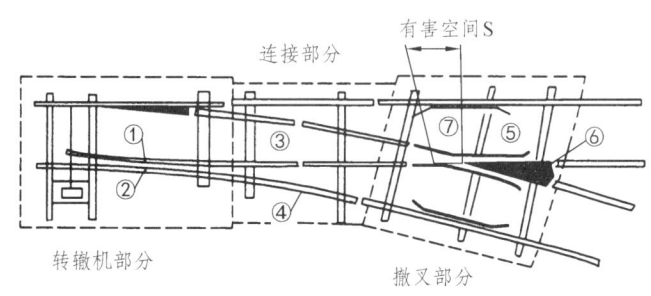

图 2.18　道岔结构示意图

1—尖轨；2—基本轨；3—直合拢轨；4—弯合拢轨；5—翼轨；6—辙叉心；7—护轮轨

目前，在我国国家铁路上，大多采用 9、12、18 号三个型号的道岔，它们所允许的侧向通过速度分别为 30 km/h、45 km/h、80 km/h。城市轨道交通线路正线一般都采用 9 号道岔。

道岔的两根尖轨可以移动，正常情况下，一根密贴于基本轨，另一根离开基本轨。当转辙机动作时，通过与尖轨相连的各类杆件，可以同时改变两根尖轨的位置，使原来密贴的分离，而原来分离的密贴，可见道岔有两个可以改变的位置。我们通常把道岔经常所处的位置叫做定位，临时根据需要改变的另一位置叫做反位。

尖轨与基本轨密贴的程度如何，对行车安全影响很大，比如列车迎着尖轨运行时，如果尖轨密贴程度差，即间隙超过一定限度（大于 4 mm），则车辆的轮缘有可能撞着或从间隙中挤进尖轨尖端，而造成颠覆或脱轨的严重行车事故。因此，对尖轨和基本轨的密贴程度，有严格的标准，根据《GB 50578 城市轨道交通信号工程施工质量验收规范》规定，装有转换锁闭器、电动转辙机或电空转辙机的道岔，当在转辙杆处的尖轨与基本轨之间插入厚 4 mm，宽为 20 mm 的铁片时，应不能锁闭和开放信号。

当高速列车通过道岔时，虽然道岔尖轨与基本轨密贴良好，但由于列车震动仍有可能使道岔改变状态。为了防止此种危险的发生，在上述几种道岔转换设备中，都附有外锁闭装置，以便把道岔锁在密贴良好的规定状态。

根据道岔的打开方式分类，常见的有单开道岔、双开道岔、三开道岔和复式交分道岔。单开道岔的打开方向包括一个直向和一个侧向；双开道岔呈 Y 形，岔后的两股道向两侧分岔；三开道岔像 Ψ 形，同时衔接三股道，由两组转辙机操作两套尖轨；复式交分道岔如 X 形，相当于四组单开道岔和一副菱形交叉的组合。城市轨道交通最常用道岔是单开道岔，也有少量三开道岔。

根据道岔的控制方式分类，有单动道岔和双动道岔。信号系统的一个道岔控制电路只能控制一组道岔时，则称该道岔为单动道岔；如果一个道岔控制电路能使两组道岔同时或顺序转换，则称为双动道岔，也称联动道岔。为了简化操作手续，简化联锁关系，有时还为了保证行车安全和节省信号器材等原因，凡是能双动的道岔尽量使之双动。

根据牵引转辙机的数量分类，有单机牵引道岔、双机牵引道岔和多机牵引道岔，即一组道岔可由一台转辙机牵引，也可由两台转辙机牵引，甚至两台以上转辙机牵引。

2.3.2 转辙机基本原理

转辙机是道岔控制系统中的执行机构，是转辙设备的核心和主体，它和连接杆、尖端杆、密贴调整杆、表示杆等各类杆件，以及外锁闭装置，共同完成转换道岔、锁闭道岔和反映道岔的位置状态。

转辙机的基本功能如下：转换道岔尖轨的位置，根据需要将道岔转换至定位或反位；道岔转至所需位置而且尖轨密贴后，实现锁闭，防止外力转换道岔；正确地反映道岔的实际位置，道岔的尖轨密贴于基本轨后，应给出相应的表示；道岔被挤或因故处于"四开"（两侧尖轨均不密贴）位置时，及时给出报警及表示。

1. 按动作能源和传动方式分类

可分为电动转辙机、电动液压转辙机和电空转辙机。

电动转辙机由电动机提供动力，采用机械传动的方式。多数转辙机都是电动转辙机，包括我国国家铁路大量使用的 ZD6 系列转辙机和 S700K 型电动转辙机。

电动液压转辙机简称电液转辙机，由电动机提供动力，采用液力传动的方式，ZY（J）系列转辙机即为电液转辙机。

城市轨道交通常用转辙机型号有 ZD6、ZYJ7 和 ZDJ9 转辙机，将在后续章节详细介绍。

2. 按供电电源种类分类

可分为直流转辙机和交流转辙机。

直流转辙机采用直流电动机，工作电源是直流电。ZD6 系列电动转辙机就是直流转辙机，由直流 220 V 供电。ZY 系列电液转辙机也是直流转辙机，亦由直流 220 V 供电。电空转辙机则由 24 V 直流电供电。直流电动机的缺点是，由于存在换向器和电刷，易损坏，故障率较高。

交流转辙机采用三相交流电源或单相交流电源，由三相异步电动机或单相异步电动机（现大多采用三相异步电动机）作为动力。提速道岔用的 S700K 型电动转辙机和 ZYJ7 型电液转辙机均为交流转辙机。交流转辙机采用感应式交流电动机，不存在换向器和电刷，因此故障率低，而且单芯电缆控制距离远。

3. 按动作速度分类

可分为普通动作转辙机和快动转辙机。

大多数转辙机转换道岔时间在 3.8 s 以上，属于普通动作转辙机。ZD7 型电动转辙机和 ZK 系列电空转辙机转换道岔时间在 0.8 s 以下，属于快动转辙机。快动转辙机主要用于驼峰调车场，以满足分路道岔快速转换的要求。

4. 按锁闭道岔的方式分类

可分为内锁闭转辙机和外锁闭转辙机。

内锁闭转辙机依靠转辙机内部的锁闭装置锁闭道岔尖轨，是间接锁闭的方式。ZD6 系列等大多数转辙机均采用内锁闭方式。内锁闭方式，锁闭可靠程度较差，列车对转辙机的冲击大。

外锁闭转辙机虽然内部也有锁闭装置，但主要依靠转辙机外的外锁闭装置锁闭道岔，将密贴尖轨直接锁于基本轨，斥离尖轨锁于固定位置，是直接锁闭的方式。用于提速道岔的 S700K 型电动转辙机和 ZYJ7 型电液转辙机均采用外锁闭方式。外锁闭方式锁闭可靠，列车对转辙机几乎无冲击。

5. 按是否可挤分类

可分为可挤型转辙机和不可挤型转辙机。

可挤型转辙机内设挤岔保护（挤切或挤脱）装置，道岔被挤时，动作杆解锁，保护了整机。不可挤型转辙机内不设挤岔保护装置，道岔被挤时，挤坏动作杆与整机连接结构，应整机更换。电动转辙机和电液转辙机都有可挤型和不可挤型。

此外，各种转辙机还有不同转换力和动程的区别。

2.3.3 常用转辙机

城市轨道交通常用转辙机是随着我国国家铁路转辙机的发展而变化的，从早期的 ZD6 直流转辙机，到后来的 ZYJ7 电液转辙机。近年来，为了克服电液转辙机维护复杂的问题，各城市新建线路陆续采用 ZDJ9 电动转辙机。

2.3.3.1 ZD6 电动转辙机

ZD6 系列电动转辙机是我国国家铁路使用最广泛的电动转辙机，用于非提速区段以及提速区段的侧线上，主要由电动机、减速器、摩擦联接器、主轴和锁闭齿轮、动作齿条、表示杆、自动开闭器等部件组成，如图 2.19 所示。

主要部件功能如下：

电动机是电动转辙机的动力装置，一般采用直流电动机。电动机的电源由信号系统提供。根据操作员或信号系统的自动进路功能，给电动机送出正极性或反极性的电流，使电动机正向旋转或反向旋转。

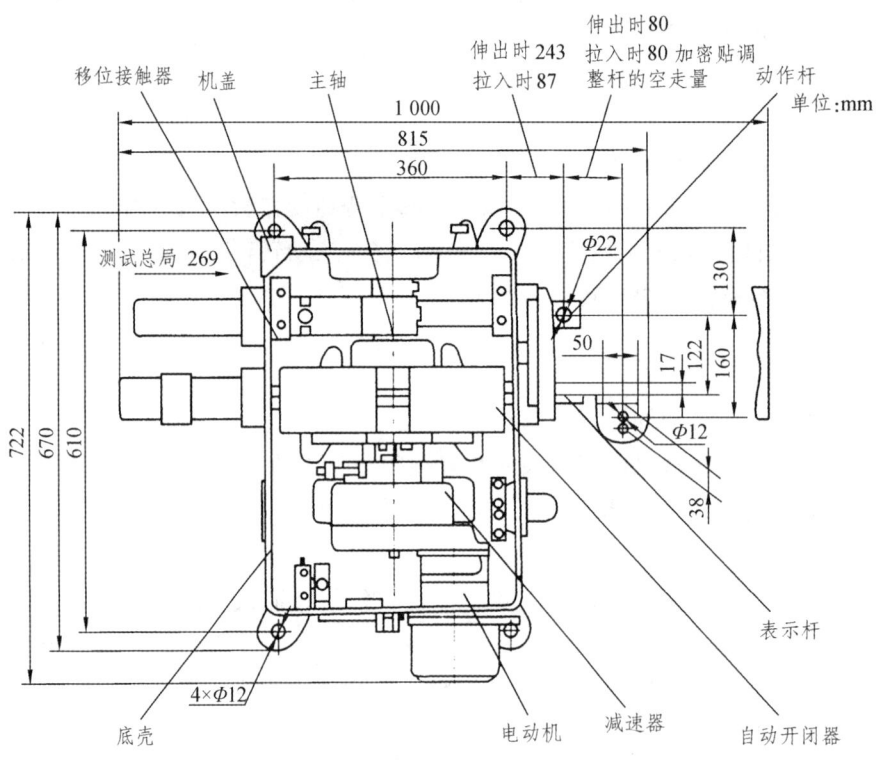

图 2.19 ZD6 电动转辙机结构

减速器采用星型减速机构，其作用是降低电动机转速，获得驱动尖轨所需的转矩；当停电或故障时，其输入轴头部的方榫供手摇转动道岔。

摩擦联接器是连接主轴和减速器的装置，除起连接作用外，还有两个作用：道岔转换完成时，动作电路被切断，电动机因惯性不可能立刻停转，这个惯性动能消耗于摩擦带上，以保护机械传动部分；当尖轨在转换中途受阻时，负荷超过一定限度，减速器内齿轮在摩擦夹板内空转，断开道岔尖轨和电动机的联系，使电动机继续旋转，不致被烧毁。

转换锁闭装置主要由主轴、锁闭齿轮、动作齿条等组成，其作用是：将减速器输出的旋转力矩变换成改变道岔开通位置所需的水平推拉力；道岔在开通位置，即尖轨与基本轨密贴后，实现内部机械锁闭。

接点转换装置主要由表示杆和自动开闭器等部件组成。表示杆通过电动转辙机外部的表示拉杆与道岔尖轨连接，在自动开闭器的配合下，检查和监督尖轨的密贴状态；配合自动开闭器完成接点的转换；当道岔被挤时，顶起检查柱，切断道岔表示电路。自动开闭器是在表示杆的配合下，在电动转辙机启动时，切断原位置的表示电路，并接通能使电动机反方向旋转的启动电路；当道岔转换到位，实现锁闭后，切断原启动电路，使电动机停转，同时接通新位置的表示电路。

挤岔保护装置。齿条块和动作杆通过主副挤切销，紧急地连接成一个整体。在正常情况下，动作齿条完成道岔的转换；挤岔时，挤切销被切断，使动作杆和齿条块脱离，且把移位接触器顶起，切断表示电路，从而保护其他机械部件。

在电动转辙机完成道岔转换的过程中，接通表示前，需经过解锁、转换、锁闭三个阶段。解锁的过程就是道岔启动时，使锁闭齿轮上的锁闭圆弧离开动作齿条的削尖齿面，同时密贴调整杆走完空动距离。电动转辙机转换道岔的过程，各部件的动作顺序为：电动机→减速器→主轴→锁闭齿轮→齿条块→动作杆→尖轨。锁闭的过程就是道岔尖轨与基本轨密贴后，使锁闭圆弧面与削尖齿面重合。

2.3.3.2 ZYJ7 电液转辙机

电液转辙机，也称液压式电动转辙机，采用电动机驱动、液压传动方式传递动力，获得所需的速度比，带动道岔转换的一种转辙装置，它取消了齿轮传动和减速器，使整机结构简化，故障点减少，适用于提速道岔。ZYJ7 电液转辙机在使用时需配合 SH6 转换锁闭器。

ZYJ7 电液转辙机主机结构如图 2.20 所示，主要由动力机构、转换锁闭机构、表示锁闭机构等组成。

动力机构的作用是将电能变为液压能，由电动机、联轴器、油泵、油管、单向阀、滤芯、溢流阀及邮箱等组成。

转换锁闭机构的作用是转换并锁闭尖轨在密贴位置，该机构锁闭尖轨后能承受 100 kN 的轴向力，由油缸、推板、动作杆、锁块、锁轴、加强板及锁闭铁等零部件组成。

表示锁闭机构的作用是正确反映尖轨状态并锁闭尖轨在终端位置，该机构锁闭尖轨后能承受 30 kN 的轴向锁闭力，由接点组、锁闭杆等零部件组成。

手动安全机构（遮断器）的作用是手摇电动机扳动道岔时，切断电机启动电源后才能插入手摇把，且非经人工恢复不能接通电机启动电源。

SH6 转换锁闭器结构如图 2.21 所示，主要由转换锁闭机构、挤脱机构和表示机构等组成。

转换锁闭机构的作用是转换锁闭尖轨在密贴位置，由油缸、推板、动作杆、锁块、锁轴、加强板及锁闭铁等零部件组成。

挤脱器的作用是定力固定锁闭铁，具有挤岔时传递给表示机构动程的功能，由挤脱座、压力弹簧等部件组成。

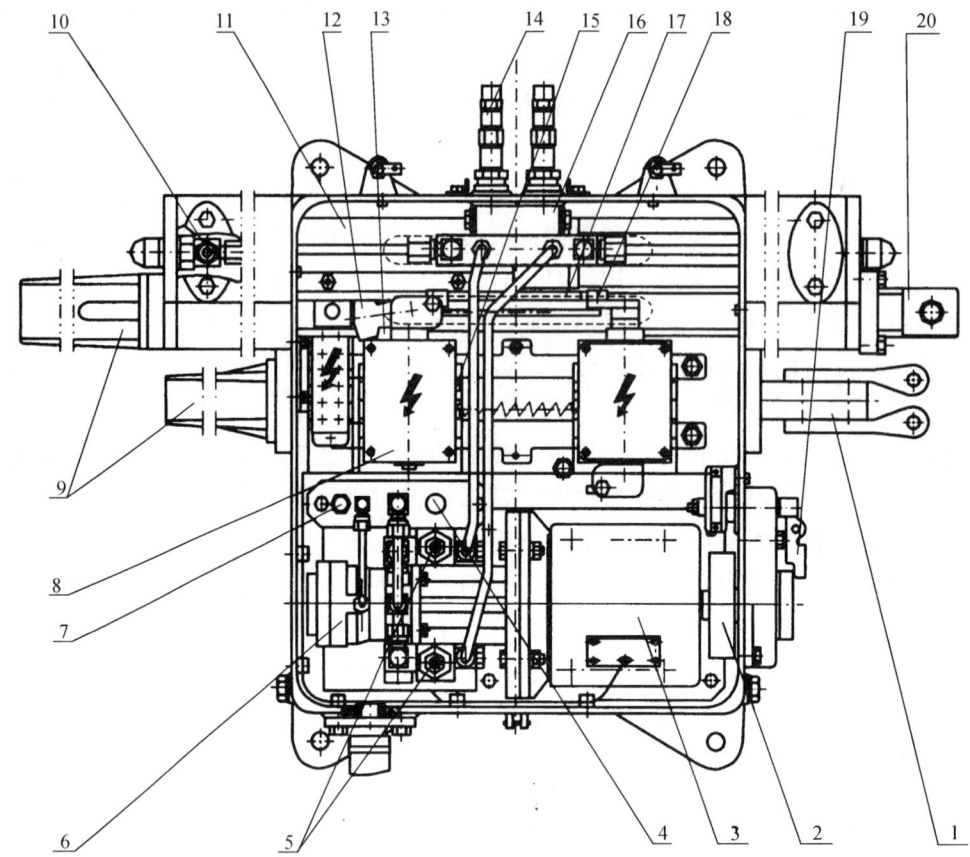

图 2.20　ZYJ7 电液转辙机结构

1—锁闭杆组；2—惯性轮；3—电动机；4—注油孔；5—溢流阀；6—油泵；7—油标；8—接电组；9—保护管；10——动调节阀；11—油缸组；12—锁块；13—锁闭铁；14—二动调节阀；15—锁闭柱；16—辅助缸组；17—动作板；18—滚轮；19—遮断器；20—动作杆组

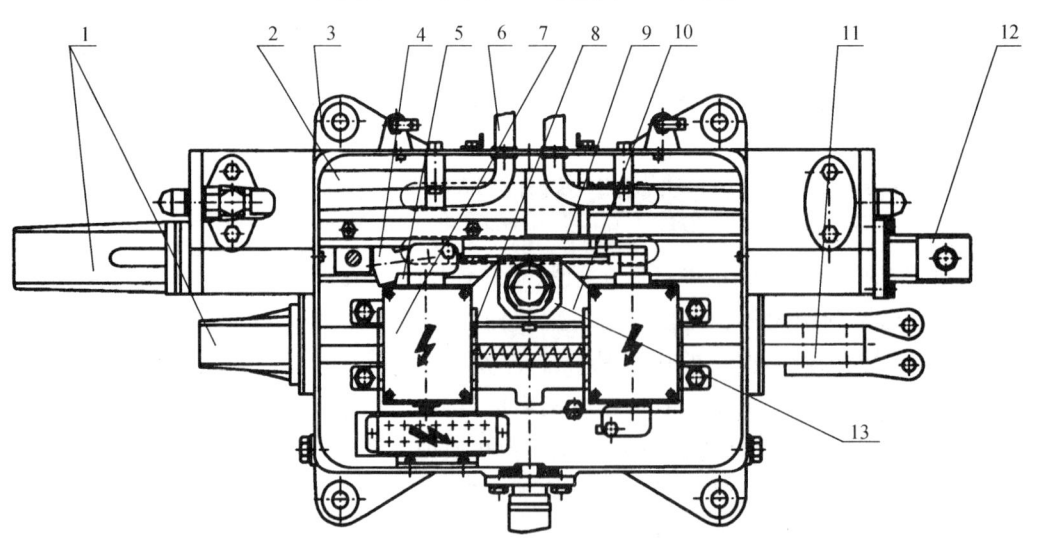

图 2.21　SH6 转换锁闭器结构

1—保护管；2—油缸组；3—底壳；4—锁块；5—锁闭铁；6—胶管总成；7—接点组；8—检查组；9—动作板；10—滚轮；11—表示杆组；12—动作杆组；13—挤脱器

表示机构的作用是正确反映尖轨状态,兼具有挤岔状态表示的功能,由接点组、表示杆组等零部件组成。

电液转辙机在使道岔的转换过程中,其转换力始终是恒定的。当道岔在转换过程中遇到阻力使尖轨与基本轨不密贴时,可以通过打开溢流阀来防止电动机继续长时间转动从而损坏电动机。

使用电液转辙机的一个关键问题是准确掌握当地一年四季及早晚的气温变化范围,合理选择转辙机的压力油,以满足转换力要求。液压传动时容易出现压力油泄漏,如果泄漏超过一定量时,会影响液压传动的效率及运动的平稳性,所以要求定期对转换压力和溢流压力进行测试,转换压力不大于 7.5 MPa,溢流压力不大于 12.5 MPa。

2.3.3.3 ZDJ9 电动转辙机

ZDJ9 系列电动转辙机是在借鉴国外成熟的先进技术,结合我国铁路提速道岔的实际情况研制而成的具有转换力大、效率高等特点,既可用于内锁闭道岔的转换,又适用于多点分动外锁闭道岔转换的转辙机。

ZDJ9 电动转辙机主要由底壳、机盖、电动机、减速器、摩擦联接器、滚珠丝杠、动作杆、左右锁闭杆、接点组、安全开关组、挤脱器、接线端子等组成,其结构如图 2.22 所示。

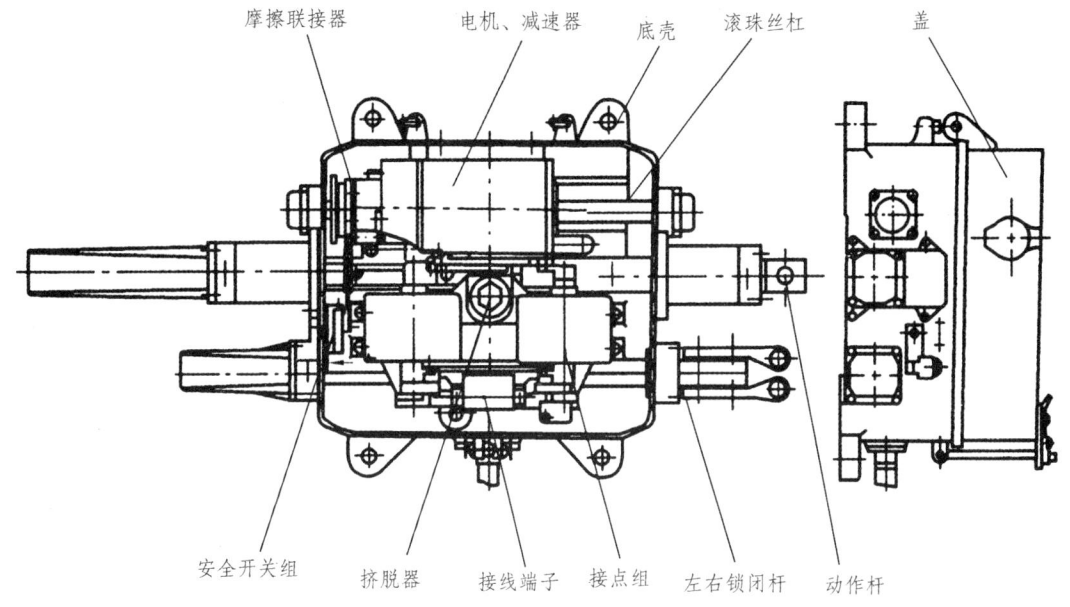

图 2.22 ZDJ9 电动转辙机结构

电动机为 ZDJ802-4 型专用交流电动机,电源电压 AC380 V,单相电阻为 54 Ω,额定转矩为 2 N·m,转速大于或等于 1 330 r/min,额定输出功率为 0.4 kW。

减速器为两级减速,在改变转换力或转换时间时,可以变动减速比。不同型号的减速器总速比不一样,正好适用于双机牵引道岔要求第二牵引点先动的要求,使得双机牵引道岔达到宏观上的同步。

滚珠丝杠选用国产磨削丝杠,直径为 32 mm,导程为 10 mm。由于导程大,滚珠也大,可靠性相应提高。

摩擦联接器采用干摩擦，主动片是 4 片外摩擦片，用钢带加工，被动片为 3 片内摩擦片，用 12 个弹簧加压。

自动开闭器接点组与 ZD6 相同，只是将动接点支架改进成为有两处压嵌连接的结构，因此左右调整板设在同侧，缩小了接点组尺寸，减少了零件品种。

安全接点采用沙尔特堡开关。

接线端子采用德国产笼式弹簧的 2 线接线端子，由于接线部分没有螺纹连接，使用中无需检查或重新拧紧，还具有抗振动和抗冲击功能，是一种免维护的接线端子。

当转辙机正常工作时，电动机的驱动力矩经减速器减速后传到摩擦联接器。由摩擦联接器的内摩擦片通过花键传动滚珠丝杠，将转动转换为螺母的平动。螺母外套有推板套，其上固定有动作板。推板套推动动作杆上的锁块，在锁闭铁作用下，形成了转辙机的解锁、转换、锁闭过程。

2.4 应答器

城市轨道交通信号系统的列车定位功能是安全关键功能，列车定位的准度和精度直接关系到列车自动防护系统的安全性，这在移动闭塞制式的 CBTC 信号系统中表现得尤为突出。

列车定位有两种方式：绝对定位和相对定位。绝对定位是指通过车载查询设备读取地面定位设备得到列车当前位置的方式；相对定位是指在绝对定位基础上，通过速度计或雷达的测速测距累加得到列车当前位置的方式。应答器系统即属于列车绝对定位设备。

2.4.1 应答器基本原理

城市轨道交通中应用最为广泛的列车绝对定位系统主要是基于射频识别（RFID）技术的"查询机-应答器"系统。如图 2.23 所示，列车绝对定位系统由车载查询机和轨旁应答器组成。车载查询机包括车载解码器和车载定位天线，车载解码器通过车载定位天线读取轨旁应答器信息，并发送给车载信号主机。轨旁应答器包括无源应答器和有源应答器两种，其中，无源应答器提供列车绝对定位信息，而有源应答器则与信号机、道岔关联，辅助实现后备模式下的点式 ATP 防护功能。

常用列车绝对定位系统有两种制式：欧式应答器系统（Euro Balise Beacon）和美式信标系统（AAR Transcore Tag）。

2.4.2 常用应答器系统

目前，国内应用欧式应答器系统的厂商主要有阿尔斯通、西门子等，而应用美式信标系统的厂商则有泰雷兹、安萨尔多。此外，欧式应答器系统在国铁 CTCS-2、CTCS-3 列控系统中也广泛得到应用。美式信标系统在国铁货运铁路车号自动识别系统（ATIS）中有所应用。

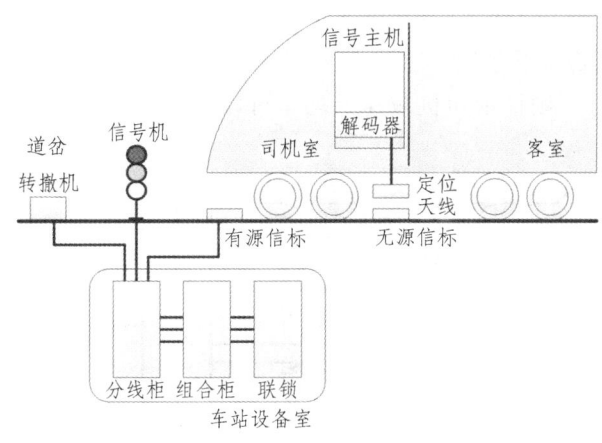

图 2.23 应答器系统工作原理

2.4.2.1 欧式应答器系统

欧式车载解码器（BTM）体积较小，与车载信号主机的接口采用 RS-485 串口通信协议，传输内容主要有应答器信息、错误报告、工作模式、远程供电状态、健康状态、远程供电关闭请求和校验码。欧式车载解码器包括射频信号发射和接收装置，其发射功率为 20 W，发射频率为 27.095 MHz，发射器带宽为 5 kHz，接收频率为 4.234 MHz，接收器带宽为 200 kHz。该装置通过射频电缆与车载定位天线连接。欧式车载定位天线体积较大，有效信号范围从天线中心点沿钢轨方向向外 390 mm，沿垂直钢轨方向向外 321 mm；有效作用距离为 50~220 cm，与地面应答器垂直距离为 205~325 mm。

欧式无源应答器体积较大、重量较大；反射信号功率为 10 MW，频率 4.234 MHz。欧式无源应答器在安装时，上表面距离轨面 65~70 mm。欧式无源应答器数据存储容量较大，共有 255 位，用户数据 232 位（29 字节）。欧式无源应答器的用户数据主要有应答器编号、可配置数据、默认消息标志、有源应答器标志，以及校验和 1、2。其中，可配置数据、默认消息标志、有源应答器标志 3 个字段与欧式有源应答器有关。

欧式有源应答器的体积、重量、反射信号功率、频率等特性与无源应答器一样。两者不同点在于，欧式有源应答器是由轨旁联锁、继电器等触发工作，而无源应答器则由车载定位天线的射频信号触发工作。

欧式有源应答器是与轨旁信号机房内的 LEU（线路编码单元）配合使用的，其他需要发送的报文烧录在 LEU 中，格式与无源应答器相同。不同报文主要通过"可配置数据"字段加以区别。一个 LEU 可同时向 4 个有源应答器发送 4 种不同的数据报文。

如图 2.24 所示，在城市轨道交通环境中，LEU 使用继电器输入接口，从电源屏直接供 DC 24 V 电源，在串接不同接点条件后连入 LEU。LEU 继电器输入接点是根据点式 ATP 运营模式的闭塞设计选取的。下面以信号机 X1 的有源应答器为例，DDJ 是点灯继电器，在点式 ATP 模式激活时落下；LXJ 是允许信号（绿灯或白灯）继电器，在点亮绿灯或白灯时吸起；DBJ 和 FBJ 是信号机 X1 或 X2 防护的道岔定表和反表继电器，在道岔有位置时吸起其中一个。这里，信号机 X2 是信号机 X1 下游方向的第一个信号机。LEU 根据这几组接点的不同组合情况，在事先烧录好的应答器报文中选择匹配报文，通过 C1 接口发送给有源应答器。当列车通过 X1 有源应答器时，如果信号机 X1 是红灯，则施加紧急制动；如果信号机 X1 是绿灯，X2 是红灯，则提示司机减速，列车可以停在信号机 X2 红灯前。

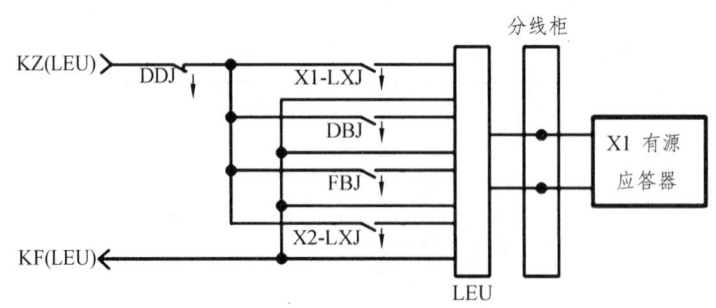

图 2.24　欧式有源应答器控制原理

欧式应答器系统的下行链路（车→地传输）功率载频为 27.095 MHz ± 5 kHz，上行链路（地→车传输）中心频率为 4.234 MHz ± 200 kHz。地面应答器反射信号调制方式是 FSK，调制频偏为 282.24 kHz ± 5%，调制速率为 564.48 kbps ± 2.5%。

2.4.2.2　美式信标系统

美式车载解码器（TIU）体积较大，与车载信号主机的接口采用 RS-232 串口通信协议，传输内容主要有信标信息和 CRC 校验码。美式车载解码器也包括射频信号发射和接收装置，其发射功率为 0.5～1.6 W，工作频率为 904～928 MHz，频率稳定性为 ±5.0 ppm，发射器带宽为 5 kHz，接收器带宽为 130 kHz。该装置也通过射频电缆与车载定位天线连接。美式车载定位天线体积较小，重量较轻，增益为 8.6～9.6 dB，电压驻波比小于 1.5，半功率束宽：120°（沿钢轨方向），45°（垂直钢轨方向）；有效作用距离为 45～90 cm，与地面信标垂直距离为 321～326 mm。

美式无源信标体积很小，重量很轻，只有 160 g；反射信号功率为 0.2 mW，频率为 904～928 MHz。美式无源信标安装时，上表面距离轨面 5 mm。美式无源信标数据存储容量较小，只有 128 位，其中用户数据 120 位（15 字节）。美式无源信标存储的用户数据主要有信标编号、线路编号，以及 CRC16 校验码。

美式有源信标的体积、重量、反射信号频率与无源信标一样；反射信号功率 1.8 mW，比无源信标略高。美式有源信标的烧录信息格式与无源信标相同，只是信标编号区间有差别。

由于美式有源信标功能简单，一个有源信标只能烧录一种信息，即一个有源信标只能关联信号机的一种表示。当信号机有三种表示（红、绿、白）时，根据点式 ATP 运营模式的闭塞设计原则，有源信标只与允许信号关联，这就需要两个有源信标。两个有源信标安装在同一个箱盒内。

如图 2.25 所示，绿灯信标的供电回路串接绿灯继电器 LJ 的两组接点，当绿灯点亮时，LJ 吸起，绿灯信标得电；白灯信标的供电回路串接白灯继电器 BJ 的两组接点，当白灯点亮时，BJ 吸起，白灯信标得电。当点红灯时，LJ 和 BJ 都落下，两个有源信标都不得电。列车通过时，如果检测不到任意一个有源信标，则施加紧急制动，列车在闯过红灯后停下。

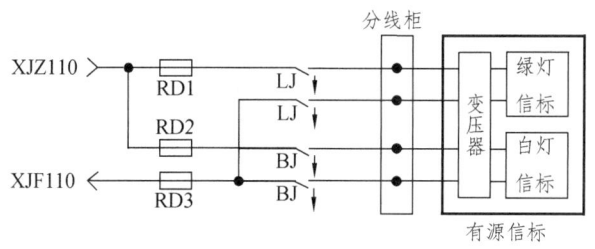

图 2.25　美式有源信标控制原理

美式信标系统的上下行链路工作频率均为 904~928 MHz。地面信标反射信号调试方式是变形 FSK，调制信号频率为 20 kHz ± 10%、40 kHz ± 10%。一个用户位（bit）"0"由一个周期的 20 kHz 矩形波及紧随着二个周期的 40 kHz 的矩形波组成；一个用户位（bit）"1"是由二个周期的 40 kHz 矩形波及紧随着一个周期的 20 kHz 矩形波组成。

2.4.3　应答器的布置原则

欧式无源应答器有两种类型：列车初始化应答器和重新定位应答器。列车初始化应答器之间的距离是 21 m，用于编码里程计的校准；重新定位应答器之间的距离是 200 m，用于校准列车当前位置。

欧式有源应答器与关联信号机的距离是最差情况下的列车紧急制动距离，并要考虑司机的反应时间。

美式无源信标有两种类型：校准信标和定位信标。校准信标之间的距离是 100 m，用于校准车轮实际轮径；定位信标之间的距离为 150~200 m，用于校准列车当前位置。

美式有源信标与关联信号机的距离是车载定位天线到最近列车端部的长度，这样保证在车头越过红灯时，能够及时触发紧急制动。

无论是欧式应答器系统，还是美式信标系统，为了配合列车在站台自动停站对准，其布置原则都是比较复杂的，下面以美式信标系统为例进行说明，如图 2.26 所示。

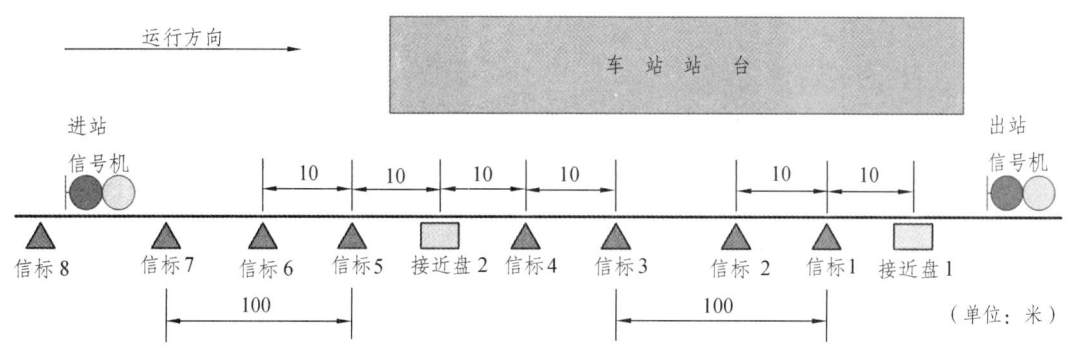

图 2.26　站台区域信标布置

车站定位停车轨旁辅助设备主要是接近盘和信标。无线 CBTC 信号系统支持双向运营，因此每一侧站台均有两个接近盘，接近盘长 1 m，其中心点到站台边缘的距离与列车上接近盘天线到最近列车边缘的距离相等。信标可以标示线路位置，无线 CBTC 信号系统使用的是无源信标，其中只存储信标标识码。图 2.26 标示了车站站台区域信标布置的典型规则，这个规则主要考虑了车载控制器测距上的位置不确定性。当列车自左向右运行时，如果列车状态检测设备在车头，自动列车车站定位停车阶段主要依靠信标 3、2 和 1 进行精确定位；如果列车状态检测设备在车尾，自动列车车站定位停车阶段主要依靠信标 7、6 和 5 进行精确定位。当列车反向运行时，则主要依靠信标 2、3 和 4。

2.5 计轴器

与轨道电路类似，计轴器是列车位置检测设备，它克服了轨道电路对地绝缘不良跳红光带、区段分界处"压不死"等多发故障，通过自身的安全处理机制，为信号系统提供更加可靠的区段的占用/出清状态。

2.5.1 计轴系统基本原理

计轴系统包括室外设备和室内设备，如图 2.27 所示。室外设备有车轮传感器和电子连接箱；室内设备有运算器、UPS 电源、继电器以及由计算机构成的计轴器主机系统。室内设备和室外设备由专用计轴电缆相连。

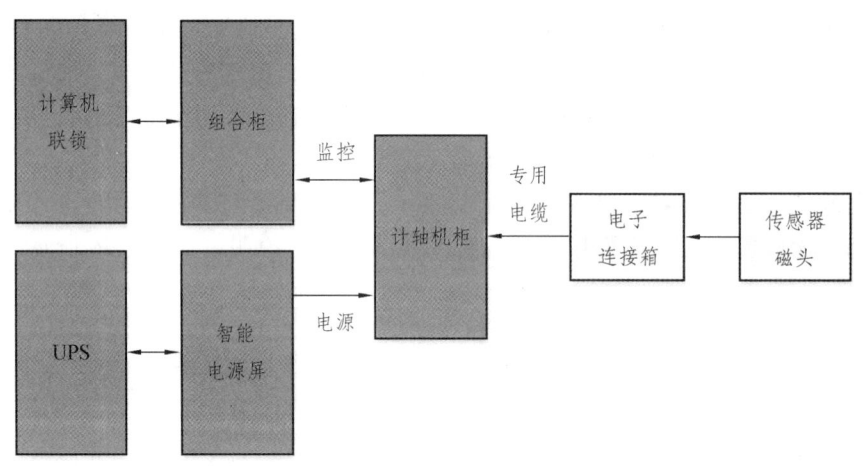

图 2.27 计轴系统构成示意图

在检测轨道区段的入口处和出口处设置有车轮传感器，属于电磁式有源传感器，利用线圈互感原理，当列车车轮通过计测点时发生的磁通变化，而得到轮轴信号。每个传感器配有两套磁头，每套磁头包含发送磁头和接收磁头。在无车轮经过时，接收磁头的线圈内感应出一定的交流电压信号，其相位与发送磁头电压相位相同。当有车轮经过时，由于车轮的屏蔽作用，整个磁通桥路发生变化，接收磁头的线圈内感应的交流电压相位与发送磁头电压相位相反。该相位变化经车轮电子检测器电路处理后，形成车轴脉冲。

当列车驶入该轨道区段，列车车轮抵达入口车轮传感器的作用区域，该传感器通过电子连接箱把车轴脉冲发送给室内计算机主机系统，由主机系统计算车轴数量，并根据两套磁头的作用时机，判断列车运行方向；同样，当列车车轮抵达出口车轮传感器的作用区域，该传感器也通过电子连接箱把车轴脉冲发送给室内计算机主机系统，由主机系统确定对轴数是累加计数还是递减计数。

依据该轨道区段驶入点和驶出点所记录轴数的比较结果，确定该区段的占用或空闲状态。当输入轴数大于输出轴数时，计轴主机系统判定该区段占用，并控制该区段的轨道继电器落下；当输入轴数等于输出轴数时，计轴主机系统判定该区段空闲，并控制该区段的轨道继电器吸起。

2.5.2 常用计轴系统

计轴设备在铁路和城市轨道交通中都有广泛的应用。计轴设备的生产商有国内的也有国外的。在城市轨道交通领域中主要使用国外厂商生产的计轴设备，不同厂商的计轴设备在设计上也存在差异。

2.5.2.1 阿尔卡特 AzLM 计轴系统

阿尔卡特 AzLM 是最早应用于我国城市轨道交通线路的计轴系统，如图 2.28 所示，主要由室外轨旁检测点 Zp30H 和室内计轴评估器 ACE 组成。

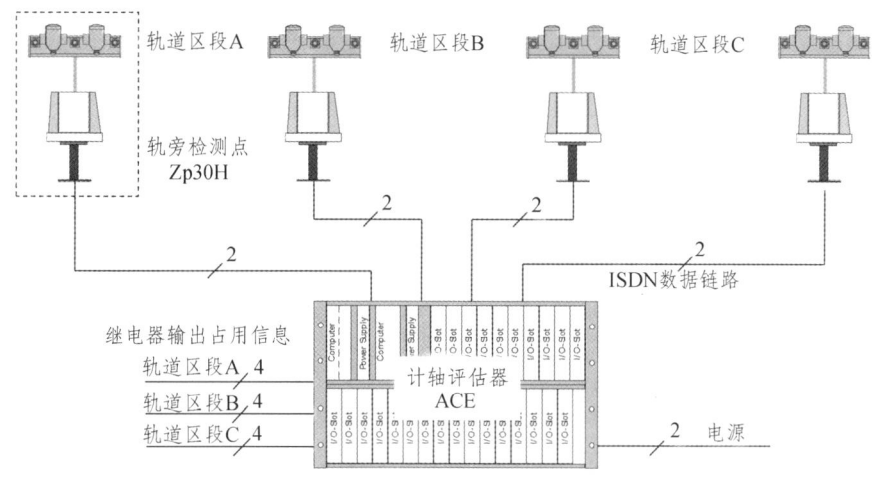

图 2.28 阿尔卡特 AzLM 计轴系统

轨旁检测点包括车轮传感器 SK30H、电子盒 EAK 以及黄帽子安装盒。车轮传感器 SK30H 采用轮辐检测方式，发送磁头安装在钢轨外侧，接收磁头安装在钢轨内侧，如图 2-29 所示。

计轴评估器包括计算机板、串口板、并口板以及电源板。室内计算机板使用 2 取 2 或 3 取 2 架构，通常每个集中站的上行区段和下行区段各配置有一套，串口板与轨旁检测点一一对应，并口板与每个区段一一对应，如图 2-30 所示。

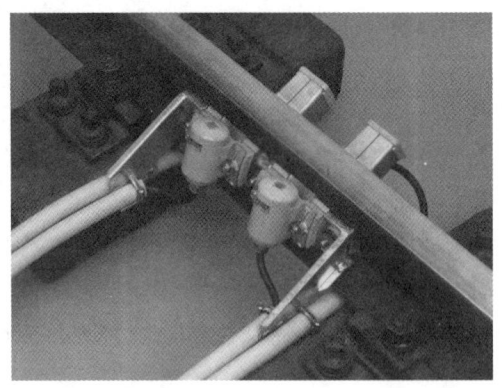

图 2.29　车轮传感器 SK30H 安装示意图

当车轮传感器检测到有车轮经过时,通过电子盒内的 ISDN 通信模块把车轴脉冲数据发送给室内计轴评估器的串口板。计轴评估器的计算机板根据串口板收到的数据,判断每个轨道区段的占用或出清状态,通过并口板驱动相应的轨道继电器。

每套计轴系统最多支持 32 个轨旁检测点,每个轨旁检测点最多可连接 4 个轨道区段,最高支持 380 km/h 的列车速度。

图 2.30　计轴评估器结构图

AzLM 计轴系统支持直接复位和预复位。直接复位一般用于调试阶段,当计轴系统出现故障时,可以通过复位钥匙和按键的操作直接复位区段状态。预复位则用于正式运营阶段,当计轴系统出现故障时,通过复位钥匙和按键的操作或 ATS 命令预复位区段状态,然后派遣列车或使用模拟轮进行室外现地清扫车轮传感器。使用模拟轮清扫轨道区段时,需要按照一定的顺序进行,否则会在线路上留下故障占用区段。

2.5.2.2　西门子 AzS(M)350U 计轴系统

西门子 AzS(M)350U 计轴系统的架构与阿尔卡特 AzLM 类似,如图 2.31 所示,主要由室外车轴检测器 ZP43 和室内计轴主机 AzS（M）350U 组成。

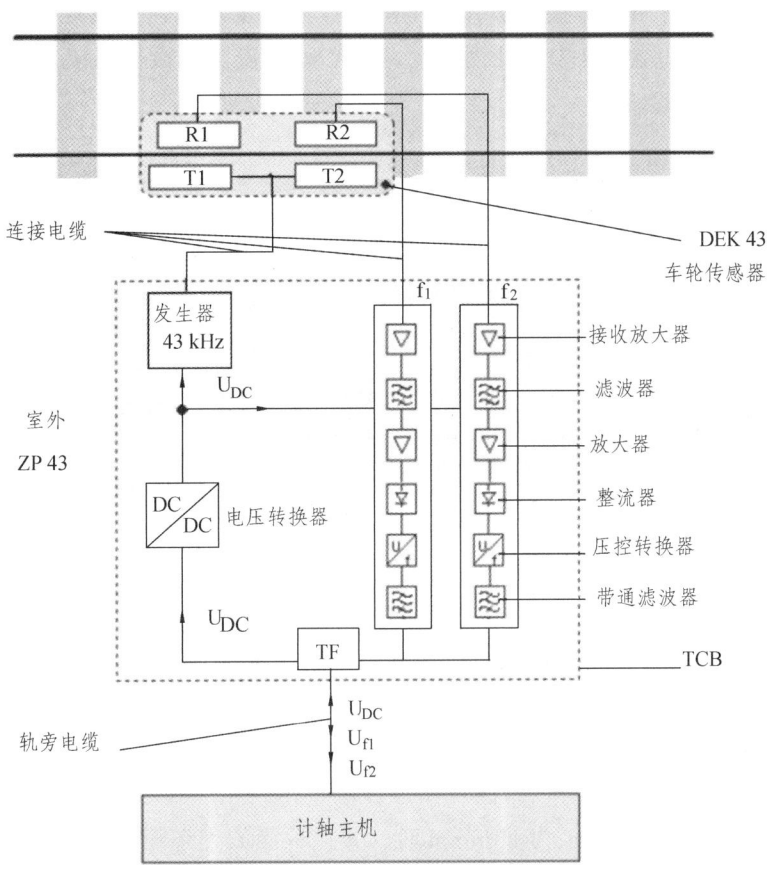

图 2.31　西门子 AzS（M）350U 计轴系统

室外车轴检测器 ZP43 包括车轮传感器 DEK43、车轮电子检测器 TCB，以及连接电缆。车轮传感器 DEK43 采用轮辐检测方式，发送磁头安装在钢轨外侧，接收磁头安装在钢轨内侧，如图 2.32 所示。

图 2.32　车轮传感器 DEK43 安装示意图

室内 AzS（M）350U 计轴主机包括处理监视板 VAU、控制诊断板 STEU、闭塞信息输入/输出板 BLEA12、通用串行接口板 SIRIUS2、放大触发及带通滤波板 VESBA、电源板 SVK2150。处理监视板 VAU 是中央处理单元，构成故障-安全的微机系统，具有双通道同步运行的检查器和比较器功能。

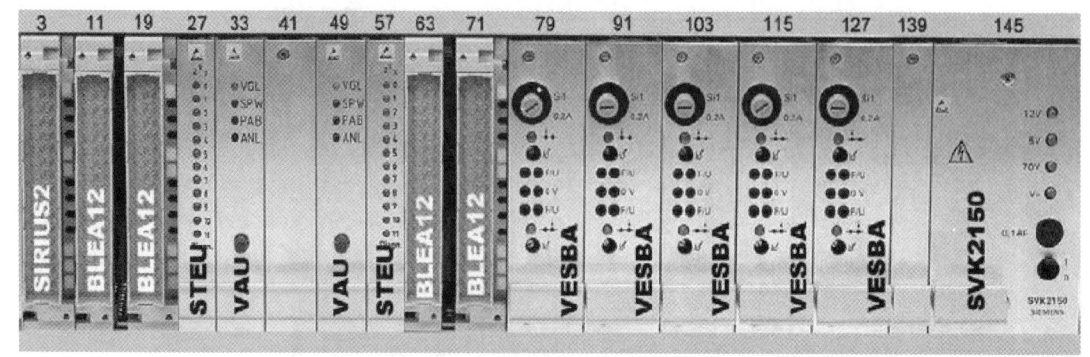

图 2.33　AzS（M）350U 计轴主机结构图

车轮通过车轮传感器时，接收器的感应电压提高，根据其幅度变换及其时间顺序就可以得出轴数和识别运行方向所需的信息。车轮电子检测器对接收到的传感器信号进行预处理，并向室内计轴主机传送。

每台机柜最多配置 8 个计轴主机，每个主机可直接连接最多 5 个计轴点，间接连接 6 个计轴点。每个计轴主机最多可以检测 4 个区段的空闲/占用状态，每个区段可单独复位也可以统一复位。当车轮最小直径为 830 mm 时，支持检测的列车速度为 0～360 km/h。

AzS（M）350U 计轴系统支持带复位限制的立即复位方式和预复位方式。

带复位限制的复位方式：没有复位限制条件时，复位操作后，立即显示该区段空闲；复位限制条件存在时，复位操作无效。复位限制条件是指有车进入区段时复位限制有效，有车离开区段后复位限制取消。复位限制条件也可人工现场取消。

预复位方式与阿尔卡特 AzLM 的预复位方式类似。

2.5.2.3　福豪盛 ACS2000 计轴系统

福豪盛 ACS2000 是近些年引入国内的计轴系统，在很多自主化线路中得到应用，如图 2.34 所示，主要由室外检测点和室内计轴主机组成。

室外检测点主要是车轮传感器 RSR180，采用轮缘检测方式，安装在轨道内侧，如图 2.35 所示。每个传感器包括两组感应系统，有车轮经过时，感应电流发生变化，以此判定占用/空闲状态以及运行方向。室外有一个箱盒 GAK，主要用于线缆接续，没有电子设备。

室内计轴主机是按区段进行配置的，每个区段有一组主机及配套板卡，包括评估板 IMC（EB）、计轴板 ACB、熔丝板 SIC，以及过电压保护模块 BSI，如图 2.36 所示。评估板 IMC 对车轮传感器的两个感应系统进行供电和评估。计轴板 ACB 是 2 取 2 故障安全型计算机板，用于处理由评估板提供的计数探头数据。熔丝板 SIC 用于计轴主机的供电电压保护。

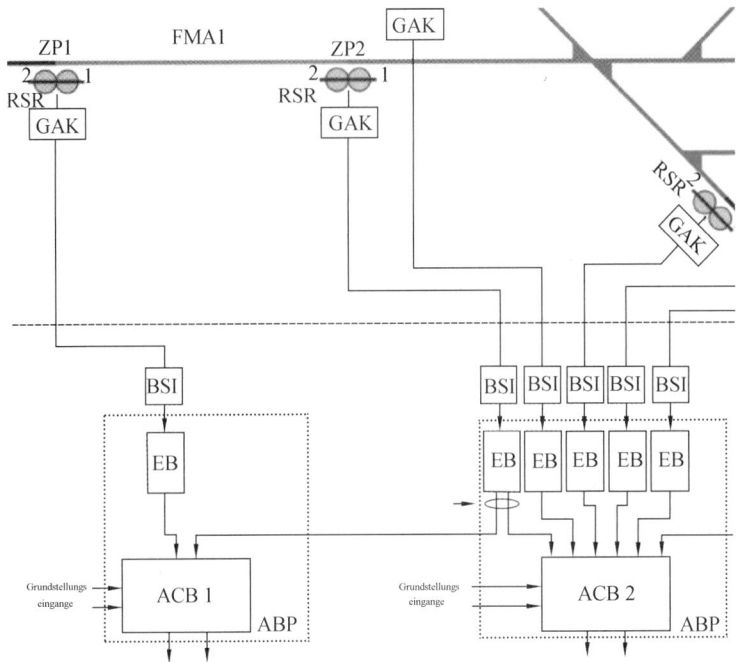

图 2.34 福豪盛 ACS2000 计轴系统

图 2.35 车轮传感器 RSR180 安装示意图

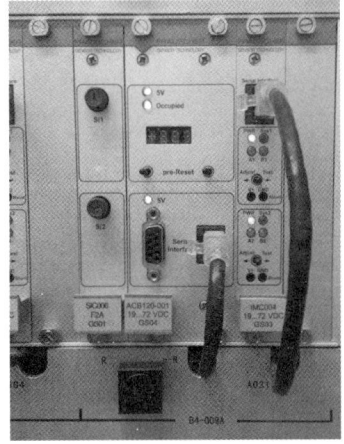

图 2.36 ACS2000 计轴主机结构图

ACS2000 支持的最高列车速度为 394 km/h。

ACS2000 支持强制复位和预复位。强制复位是在人工确认区段无车的情况下，使用复位钥匙，打开相应区段的复位按钮，强制复位操作后，计轴主机立即输出空闲状态。预复位方式与阿尔卡特 AzLM 预复位方式类似。

2.5.2.4 安润通 ARTJZ-2 计轴系统

安润通 ARTJZ-2 计轴系统是国内具有完全自主知识产权的产品，多用于现代有轨电车的车辆段/停车场。

ARTJZ-2 计轴系统包括计轴传感器、计数单元、通信板、轨道板以及供电部分，如图 2.37 所示。

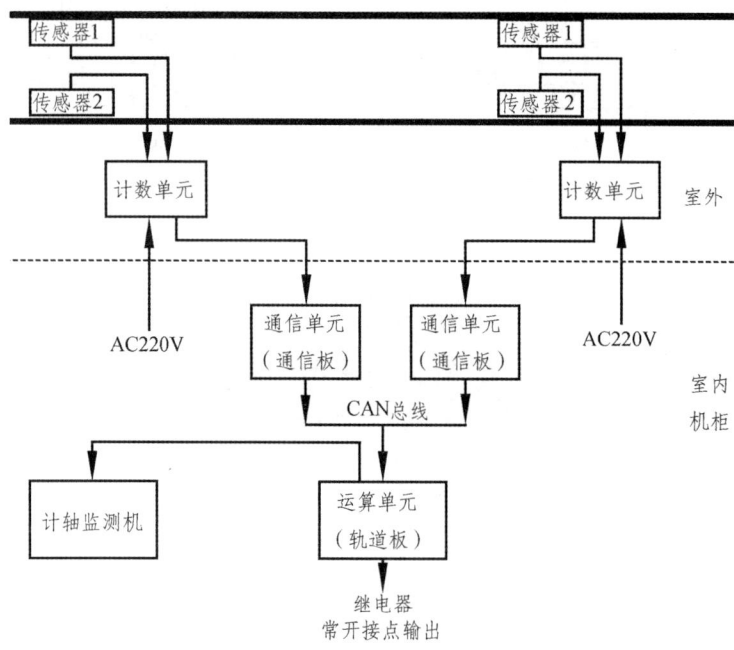

图 2.37　安润通 ARTJZ-2 计轴系统

每个计数点安装两个传感器，分别安装在两条钢轨内侧，如图 2.38 所示。当一个传感器有故障报警时，不影响整个系统的正常工作。计轴传感器采用轮缘检测方式，内含一个发射线圈和左、右两个接收线圈。计数单元采用双 CPU 设计，每个 CPU 分别对一个计轴点的两个计轴传感器独立计数，记录通过计轴传感器的轴数和行驶方向，将处理完的计数数据通过远程通信传输。

通信板负责把收到的计数板数据通过 CAN 总线发送给轨道板。轨道板采用双 CPU 设计，两个 CPU 根据各计数点通信板发来的数据独立计算轨道区段的状态，并通过安全继电器输出和 CAN 总线输出。ARTJZ-2 计轴系统采用以区段为单元的分散结构，每个区段需要一个轨道板，每个计数点需要一个计数板和一个通信板，各区段相互独立，不会因一个区段的故障而影响全站。

当车轮最小直径为 830 mm 时，支持检测的列车速度为 0 ~ 360 km/h。

图 2.38 计轴传感器安装示意图

ARTJZ-2 计轴系统支持立即复零和预复零。立即复零是人工确定被测区段无车时,使轨道板处于出清状态进行工作模式的过程。预复零方式与阿尔卡特 AzLM 预复位方式类似。

2.5.3 计轴器的布置原则

城市轨道交通正线区间内一般不设置计轴器,但是为了提高行车效率,可以在区间设置信号机,以缩短行车间隔,这种情况下,在设置信号机的位置,必须设置计轴器;另外,在正线无岔站,一般将计轴器设置于站台的出口处;而有岔站的道岔区域,每一条进路的两端,都必须设置计轴器,如图 2.39 所示。

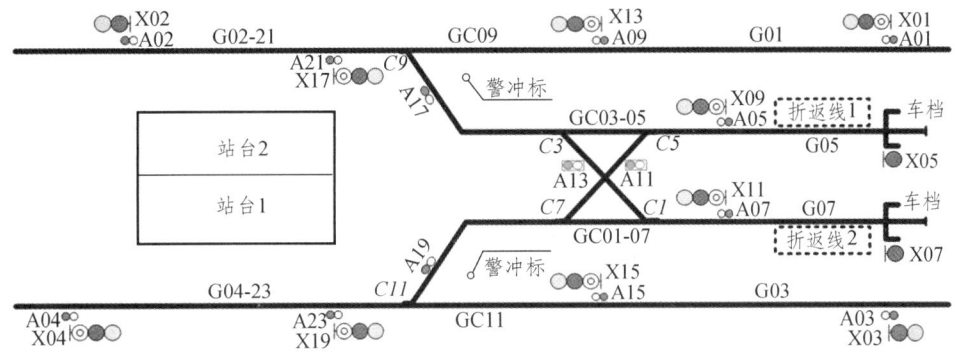

图 2.39 道岔区域计轴器的布置

每组道岔的岔前和岔后均设有计轴器,如:道岔 C11 设有 A15、A19 和 A23 三个计轴器。对于交叉渡线的道岔,除了岔前设置计轴器外,只需在渡线上设置两个计轴器,如道岔 C1、C3、C5、C7 构成的交叉渡线,岔前计轴器有 A05、A07、A17、A19,渡线计轴器有 A11 和 A13。

在区域边界往往也需要设置计轴器,如图 2.40 所示,控制区域 ZC1 和 ZC2 在上行和下行的分界点分别是计轴器 A0202 和 A0101。为了实现区域边界区段的状态共享,上行的计轴器 A0103 和 A0202 构成的区段 G0103 需要连接到 ZC2 的室内计轴主机,上行的计轴器

A0202 和 A0206 构成的区段 G0202 需要连接到 ZC1 的室内计轴主机。同样，下行的区段 G0101 状态需要送至 ZC2 的室内计轴主机，下行的区段 G0204 状态需要送至 ZC1 的室内计轴主机。

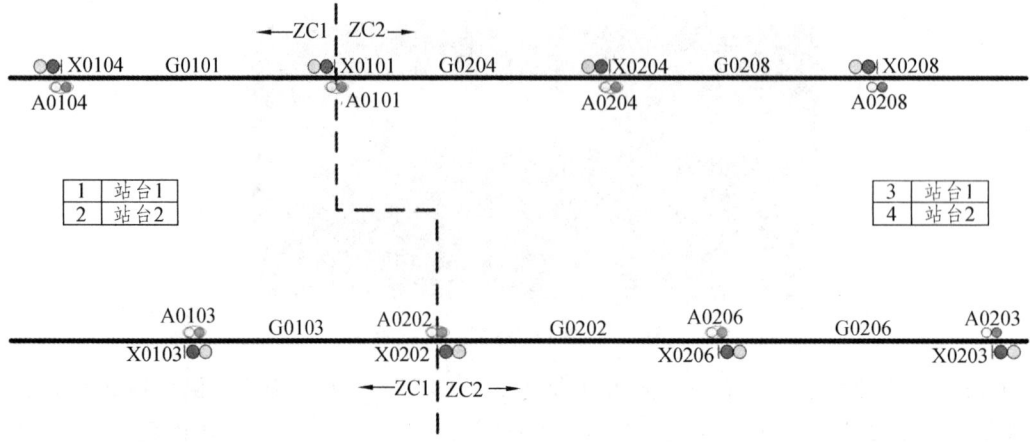

图 2.40　区域边界计轴器的布置

3 CBTC 信号系统

3.1 联锁原理

联锁是铁路信号保证行车安全的重要技术措施,指的是信号设备与相关因素的制约关系。为保证行车安全,联锁关系必须十分严密。

3.1.1 联锁基本原理

联锁是进路、道岔和信号机之间的关系,因此进路可以认为是联锁的主题。列车和调车车列在站内运行所经过的路径,称为进路。按各道岔的不同开通方向可以构成不同的进路。列车和调车车列必须依据信号机的开放而通过进路,即每条进路必须由相应的信号机来防护。

通常情况下,联锁的基本工作原理是:选路—锁闭进路—开放信号机—解锁。所有联锁关系,包括检查道岔位置正确、轨道区段空闲且锁闭、敌对进路未建立且锁闭在未建立状态,经检查联锁关系正确后,锁闭进路,开放信号机,各种解锁条件的检查都是通过联锁设备来完成的。

联锁的基本内容包括:
(1)防止建立会导致列车相冲突的进路。
(2)必须使列车或调车车列经过的所有道岔均锁闭在与进路开通方向相符合的位置。
(3)必须使信号机的显示与所建立的进路相符。

进路上各区段空闲时才能开放信号机,这是联锁最基本的技术条件之一。如果进路上有车占用,却能开放信号机,则会引起列车、调车车列与原停留车冲突。这绝对是不容许的。

进路上有关道岔在规定位置才能开放信号机,这是联锁最基本的条件之二。如果进路上有关道岔开通位置不对却能开放信号机,则会引起列车、调车车列进入异线或挤坏道岔。信号机开放后,其防护的进路上有关道岔必须被锁闭在规定位置,而不能转换。

敌对信号未关闭时,防护该进路的信号机不能开放,这是联锁最基本的技术条件之三。否则列车或调车车列可能造成正面冲突。信号机开放后,与其敌对的信号机也必须被锁闭在禁止状态,不能开放。

上述基本内容和技术条件,最终通过联锁表的形式得以实现。

联锁表是说明车站信号设备联锁关系的图表,表达了整个车站内的进路、道岔、信号机之间的基本联锁内容。联锁表是设计信号电路的依据,且在设备开通试验时,也要以联锁表作为检查车站联锁设备之间联锁关系的主要依据。

联锁表编制内容有：

（1）进路名称：以始端信号机和终端信号机或站台命名的进路名称。

（2）进路编号：按照集中站分别编制的进路编号，用于联锁软件使用。

（3）进路方向：列车通过进路时的行驶方向，上行或下行。

（4）可用模式：进路的工作模式，包括自动进路和人工进路。自动进路可以由ATS自动办理或人工命令办理，当列车通过时，该模式进路会根据列车占用/出清的"三点检查"自动解锁。人工进路只能由人工命令办理，当列车通过时，进路始端信号机变为禁止信号，列车完全通过后，始端信号机会重新开放允许信号。

（5）信号机名称：始端信号机的名称。

（6）信号机表示：当进路办理成功后，始端信号机开放的表示，包括绿灯和黄灯。绿灯表示进路为直向路径，黄灯表示进路中有道岔处于反位，为侧向路径。

（7）引导信号可用：用于指示该进路是否允许办理引导信号。道岔区域的进路一般都有引导信号，区间无岔区域的进路往往没有引导信号。

（8）办理引导信号需占用的区段：引导信号办理时，需要列车接近始端信号机，该区段是始端信号机前的区段。

（9）主进路道岔位置、侧防道岔位置和侧防道岔锁闭区段：主进路是始端信号机和终端信号机或站台之间的路径。主进路道岔位置是进路开通时所要求的主进路内的道岔定位或反位位置，侧防道岔位置是侧向防护所要求的道岔定位或反位位置，侧防道岔锁闭区段是主进路开通时所要求锁闭的侧防道岔所在的区段。

（10）防护路道岔位置、侧防道岔位置和侧防道岔锁闭区段：防护进路是终端信号机或站台之后的一段路径，用于防止出现列车在进路终点未能停车的情况。防护进路道岔位置是进路开通时所要求的防护进路内的道岔定位或反位位置，侧防道岔位置是侧向防护所要求的道岔定位或反位位置，侧防道岔锁闭区段是防护进路开通时所要求锁闭的侧防道岔所在的区段。

（11）轨道区段：进路开通所要求检查的轨道区段，包括主进路和防护进路。

（12）其它联锁条件：根据应用环境的需要而增加的联锁条件，有出入场段的特殊条件、站台门状态、站台门旁路、站台紧急停车按钮等。

（13）考虑道岔位置的敌对进路：由于使用相同道岔可能引起的与主进路冲突的进路编号。

（14）考虑运行方向的敌对进路：运行方向与主进路相反的进路编号。

（15）接近锁闭区段和特殊条件：触发接近锁闭的区段或特殊条件。

（16）接近锁闭取消延时时间：接近锁闭激活时，人工取消进路所需要的时间。

（17）防护区段解锁延时时间：防护区段锁闭激活时，紧急情况下，人工解锁进路所需要的时间。

根据实现的技术水平，联锁分为机械联锁、电气联锁（继电联锁）和电子联锁（计算机联锁）。机械联锁是铁路发展初期使用的简单系统，通过各类机械杆件，把道岔和信号机控制连接起来。电气联锁是利用各种继电器电路控制和监督全站的道岔、进路和信号机，并实现它们之间的联锁,最典型的系统是6502电气集中联锁,在早期的城市轨道交通线路中有所应用。计算机联锁(Computer Interlocking,简写CI)是以计算机技术为核心,采用通信技术、可靠性与容错技术以及"故障-安全"技术实现车站联锁要求的实时控制系统,是目前应用最广泛的联锁系统。

根据其核心主机的系统结构,计算机联锁又可分为双机热备型、二乘二取二型以及三取二型。双机热备型计算机联锁的核心主机为热备冗余结构,正常情况下,一台主机工作,另一台热备,故障时备机自动切换为主机;二乘二取二型计算机联锁是两套二取二的核心主机,正常情况下,一套二取二主机工作,另一套热备,故障时备机自动切换为主机,该类型是城市轨道交通最常用的计算机联锁形式;三取二型计算机联锁的核心主机是三取二结构,正常情况下,三台主机同时工作,比较输出,单台主机故障,可以降级为二取二继续工作,安全性最高,但其可用性不如二乘二取二型。

根据系统应用环境,联锁分为正线联锁和车辆段联锁。城市轨道交通中,正线联锁作为CBTC信号系统的一部分,需要与轨旁ATP相配合,因而有两种工作模式:CBTC模式和后备模式。CBTC模式下,正线联锁仅作为轨旁ATP的接口单元,接收命令控制轨旁外围设备,如:道岔、信号机等;后备模式下,正线联锁发挥主要功能,通过进路控制实现列车固定闭塞方式的运营。车辆段联锁是用于车辆段或停车场的控制系统,通过各类进路控制列车在场段的安全运行。

下面将按正线计算机联锁和车辆段计算机联锁分别进行介绍。

3.1.2 正线计算机联锁

3.1.2.1 正线计算机联锁组成

正线计算机联锁主要由联锁主机、人机接口、系统维护台组成,如图3.1所示。

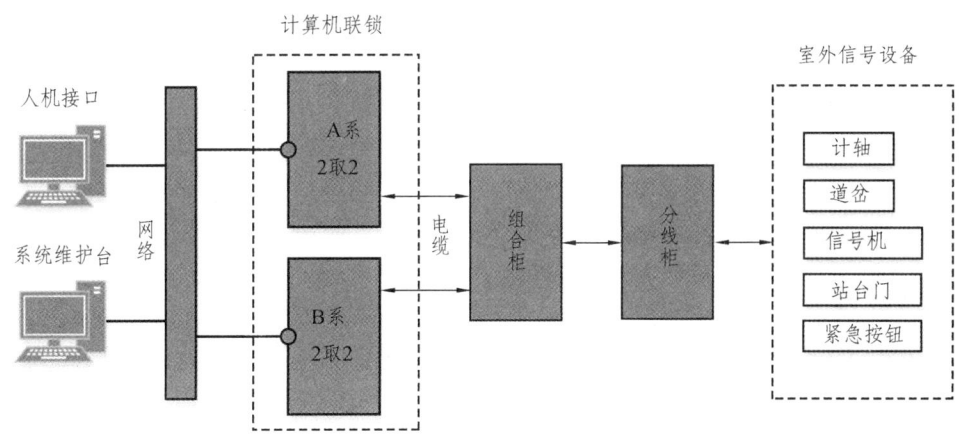

图 3.1 正线计算机联锁结构图

正线计算机联锁配置为二乘二取二,并综合采用了固有故障安全、组合故障安全和反能故障安全的方法来设计。当两系都处于工作状态时,其中一系为主系,另外一系为备系,在运行过程中，若主系健康系数较备系低或者主系故障，则备系自动升为主系。备系升级为主系之前若备系与主系处于同步状态，备系升级为主系后则不影响运营；备系升级为主系之前若备系与主系处于不同步的状态，备系升级为主系后则进入安全锁闭状态。

正线计算机联锁配有系统维护台，与联锁系统平台通信，记录联锁子系统各种事件、状态、报警功能，以及历史信息的查询的功能，并将一些事件和报警信息传送给负责维护支持的系统，方便维护和开发人员故障定位。

正线计算机联锁配有通信单元，机柜内配有交换机，同时满足各系主机之间的通信，以及与外部子系统之间的通信。

正线计算机联锁运行所需软件至少包括：
① 安全计算机应用软件。
② 安全计算机平台软件。
③ 通信单元软件。
④ 安全开关量输入输出软件。
⑤ 计算机联锁诊断维护软件。

正线计算机联锁能容易扩展，并能够控制至少 10 km 至多 20 km 长的线路。

正线计算机联锁从收到 ATS 命令到开始执行该命令的响应时间不超过 0.5 s。

正线计算机联锁从收到 ZC 命令到开始执行该命令的响应时间不超过 0.5 s。

在降级运营模式，正线计算机联锁提供 180 s 的运营时间间隔。

正线计算机联锁可用性目标能大于等于 99.999%。

正线计算机联锁的安全完整性等级能是 SIL4。

3.1.2.2 正线计算机联锁功能

正线计算机联锁主要功能有：

1. 信号模式

CI 有三种信号模式：CBTC、后备和待机。CBTC 模式下，CI 是作为轨旁 ATP 和外部设备的接口，包括计轴、信号机、道岔、站台门、紧急停车按钮，以及其他控制系统。后备模式下，CI 执行固定闭塞制式的相能功能，并且拒绝轨旁 ATP 发来的所有命令。待机模式下，CI 能正确采集外部设备状态，如果通信正常，则发送给轨旁 ATP。同时，CI 不会驱动外部设备或接受轨旁 ATP 的命令。

2. 辅助列车定位

启动时，CI 能判定计轴区段占用，直到从计轴系统收到实际状态。CI 能从外部计轴系统采集计轴区段状态，包括占用和空闲。CI 能把计轴状态，包括占用和空闲，发送给轨旁 ATP 和 ATS。

3. 后备移动授权判定

有源应答器与信号机点灯回路相连。当 CI 点亮允许信号时，有源应答器上电。车载 ATP 就可以检测到该信标，并判定出前方信号机表示。CBTC 模式下，CI 根据轨旁 ATP 命令点亮信号机。后备模式下，CI 根据联锁进路和信号机控制功能点亮信号机。待机模式下，CI 能禁用对外部信号机的所有输出，所以根据点灯电路原理，信号机将显示红灯。

4. 联锁进路判定

CI 能从 ATS 接收进路办理命令，包括进路类型和 ID。

进路类型有两种：自动联锁进路和人工联锁进路。前者可以根据列车的运行解锁进路；后者不能根据列车的运行解锁进路，而只能根据人工命令解锁。引导进路属于人工联锁进路。

CI 能检查从 ATS 收到的进路命令的正确性和有效性。

当办理联锁进路时，CI 能提供侧向防护。

CI 能为除线路尽头的其他进路提供防护进路。

当办理联锁进路时，CI 能检查计轴区段状态、区段封锁、道岔位置、冲突进路等。

当办理联锁进路时，如果道岔位置（含侧向防护道岔）不在要求的位置且未锁闭，CI 能根据进路请求把道岔扳动相能位置。

当联锁进路办理成功后，CI 能锁闭计轴区段、道岔、进路等，这也被称为区段锁闭、道岔锁闭、进路锁闭等。

CI 能根据列车运行时的计轴区段状态变化解锁自动联锁进路，执行"三点检查"，从而确保列车通过进路并到达进路终点。

CI 能根据 ATS 命令取消已办理的进路，包括自动和人工联锁进路。

当人工取消联锁进路时，如果进路的接近区段占用，CI 能考虑一定的延迟时间，以保证列车可以停下。

CI 能把进路状态发送给 ATS，包括进路办理、锁闭和解锁。

CI 能把联锁进路的道岔锁闭状态发送给 ATS。

5. 信号机监督和控制

CI 能从外部信号机采集信号机状态，包括红灯、白灯、绿灯、引导和灭灯，以判定信号机表示，并能把信号机状态发送给 ATS。后备模式下，当信号机控制命令和信号机状态不一致时，CBI 能判定信号机故障，并能把信号机故障报警发送给 ATS。

CI 能控制间隔信号机和联锁信号机。间隔信号机有红灯和绿灯表示；联锁信号机有红灯、绿灯、白灯和引导表示。红灯和引导属于禁止表示，绿灯和白灯属于允许表示。

CBTC 模式下，CI 能从轨旁 ATP 接收信号机控制命令，包括红灯、绿灯、白灯和引导。一旦与轨旁 ATP 通信中断，CI 能确保当前区域内的所有信号机红灯表示。

后备模式下，默认情况下，CI 能命令当前区域的所有间隔信号机和联锁信号机为红灯表示。

后备模式下，CI 能根据联锁进路、空闲的计轴区段、道岔位置、无信号机重开锁闭、无激活紧急停车按钮、站台门关闭且锁闭或旁路等条件命令开放绿灯或白灯信号。

后备模式下，CI 能根据人工联锁进路、故障占用计轴区段、道岔位置、无激活紧急停车按钮、站台门关闭且锁闭或旁路等条件命令开放引导信号。

后备模式下，CI 在任一时间只能命令一种信号机表示。

后备模式下，CI 能支持开发允许信号的特殊条件，包括轨道电路状态、外部进入进路状态等。

CI 能对外部信号机设备进行输出控制，包括绿灯、白灯和引导。

6. 信号机重开

当没有联锁进路或人工联锁进路时，CI 能解除信号机重开锁闭。

当信号机根据自动联锁进路正常开放时，CI 能解除信号机重开锁闭。

当信号机在被命令为允许表示后，由于故障原因变为禁止表示时，CI 能激活信号机重开锁闭。导致禁止信号的故障有计轴区段故障占用、信号机故障、道岔失表、紧急停车按钮激活、站台门故障等。

CI 能把信号机重开锁闭状态发送给 ATS，以提醒操作员发出重开命令。

CI 能从 ATS 接收信号机重开命令，并检查该命令的正确性和有效性。

7. 道岔监督和控制

CI 能从外部道岔采集道岔状态，包括定位、反位、无位置、使能和禁用，以判定道岔位置，并能把道岔状态发送给 ATS。后备模式下，当道岔控制命令和道岔状态不一致时，CI 能判定道岔故障，并能把道岔故障报警发送给 ATS。

CI 能控制和锁闭道岔位置：定位和反位。

CBTC 模式下，CI 能从轨旁 ATP 接收道岔单操命令，包括操至定位或反位。一旦与轨旁 ATP 通信中断，CI 能确保当前区域内的所有道岔在当前位置。

后备模式下，CI 能从 ATS 接收道岔单操命令，包括操至定位或反位。

后备模式下，当道岔区段占用时，CI 能把道岔锁闭在当前位置。

后备模式下，CI 能从 ATS 接收道岔单锁设置/清除命令。

CI 能把道岔锁闭状态发送给 ATS，包括道岔区段占用锁闭和 ATS 命令锁闭。

CI 能对外部道岔设备进行输出控制，包括定位、反位和使能。

如果一条进路中需要扳动多个道岔，系统能顺序扳动道岔并保持一定时间间隔。

CI 在任一时间只能命令一种道岔位置。

8. 计轴区段复位

CI 能从 ATS 接收计轴区段复位命令。

CI 能根据计轴区段状态和 ATS 命令执行计轴区段复位命令。

CI 能向外部计轴系统发出计轴区段复位输出，包括励磁和失磁。

9. 区段封锁

CI 能从 ATS 接收区段封锁设置/清除命令，并在区段封锁设置命令成功后封锁区段。

10. 站台门监督和控制

CI 能从外部站台门采集站台门关闭且锁闭状态，以判定站台门状态，并把站台门关闭且将锁闭状态发送给 ATS。

CI 能从外部站台门采集站台门旁路按钮状态。当站台门关闭且锁闭时，CBI 能判定站台门旁路按钮状态无效。

CBTC 模式下，CI 能把站台门旁路按钮状态发送给轨旁 ATP 和 ATS。

后备模式下，CI 能根据站台门关闭且锁闭状态、站台门旁路按钮按下时间和站台区域是否有车判定站台门旁路状态。一旦站台门被旁路，CI 能采取措施确保该旁路状态是为停在站台区域的列车设置的。

后备模式下，CI 能把站台门旁路状态发送给 ATS。

CI 能从轨旁 ATP 接收站台门使能命令，包括使能和禁用，并能向外部站台门发出站台门使能控制输出，包括使能和禁用。

CI 能从轨旁 ATP 接收站台门控制命令，包括开门和关门，并能向外部站台门系统发送控制命令，包括开门和关门。

11. 站台紧急按钮

CI 能从外部紧急停车按钮采集激活和非激活状态，并能把紧急按钮状态发送给 ATS。

一旦检测到激活的紧急停车按钮，CI 能把相关信号机变为红灯。如果打算重新点亮允许信号，操作员需要使用信号重开命令。

3.1.3　车辆段计算机联锁

3.1.3.1　车辆段计算机联锁组成

车辆段计算机联锁系统为分布式多计算机系统，主要由以下几部分组成：监视控制机、联锁机、执表机、接口设备、防雷元件、电源系统、电务维护终端，另外根据需求设应急操作盘。其系统框图如图 3.2 所示。系统中所有的计算机设备均为 A、B 双套，联锁机、执表机具有热备，自动切换功能，其他如监视控制机和控制台的设备由人工进行切换。各备用的计算机同样构成系统与主机同步工作，备用系统可脱机，作为现场联锁测试用。

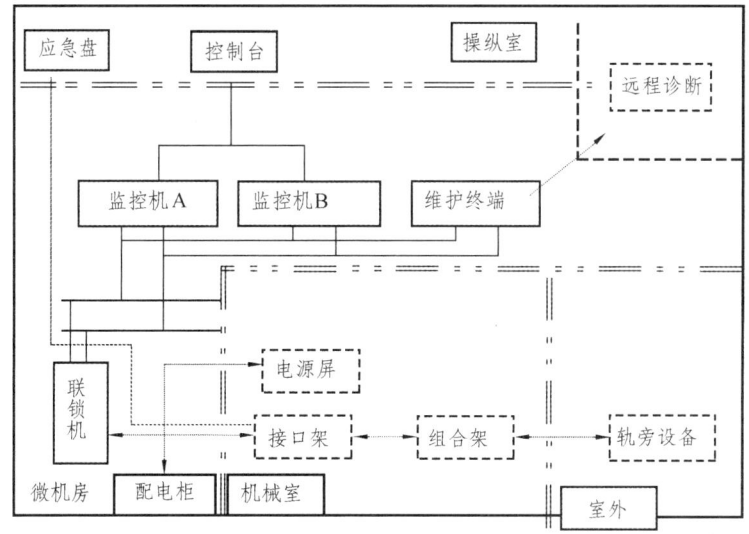

图 3.2　车辆段计算机联锁结构图

系统采用闭环控制原理，输出控制命令的闭环控制，当发现危及安全的情况，将立即切断输出电源，倒向安全。

系统输出的控制命令采用动静态结合输出方式，当软、硬件故障时，将停止动态输出或动态输出的规律不对，将切断工作机的驱动电源，并进行主备机的热切换，使系统倒向安全。

信息采集采用动态检查方式，进行信息采集前，先确定采集电路是否正确。采集的有效信息必需以"01"为特征，并判断所采集的信息合理性，当发现危及行车安全的信息时，将切断工作机的驱动电源，并进行主备机的热切换。

系统采用成熟的工业总线，系统采用双机热备结构，双机热备时，任何一套故障，不影响正常使用。故障设备在脱机状态下进行维修，系统的维修不影响使用，即系统的平均修复时间 MTTR 近似于零。

双机热备结构，任何一套故障，不影响正常使用。故障设备在脱机状态下进行维修，系统的维修不影响使用。系统具有完善的记录功能，能储存一年的信息，包括行车作业办理、站场图像信息和反映系统运行的各种数据。通过图像再现功能，可重放记录的任一时间段站场数据和作业情况，为分析行车事故和设备的故障，提供了方便的手段。

系统具有较强的自检测、自诊断能力，故障时有语音、文字和故障代码提示。

3.1.3.2 车辆段计算机联锁功能

车辆段计算机联锁实现进路上道岔、信号机和轨道电路的正确联锁，确保进路正确和列车运行安全。

联锁功能包括：

（1）建立进路。

（2）进路锁闭。

（3）开放信号。

（4）进路解锁：

① 进路正常解锁。

② 调车中途返回解锁。

③ 取消进路。

④ 人工延时解锁。

⑤ 进路故障解锁。

⑥ 区段故障解锁。

⑦ 引导总人解。

（5）单操道岔、单锁道岔等。

（6）单钩溜放调车。

（7）与干线列控系统或区间闭塞结合。

（8）场间结合。

（9）非进路调车。

（10）机务段联系。

（11）与道口结合。

（12）与轨道电码化结合。

（13）与 DMIS 系统和微机监测系统的联系。

（14）与 CTC 系统结合。

实时反映站场信号、道岔、轨道等设备的现场状态，为各级运用管理维护部门提供设备和列车运行等信息。

系统通过动静态结合的输入输出、回读、软件双编码等技术实现自诊断故障到板级的功能，并通过网络通信使用户可在控制中心和维修中心实现故障诊断和查询。

系统能够记录所有的操作和信号设备的状态；监测和报告系统故障；方便地查询内存中存储的各种信息；存储和打印记录；通过网络，远程诊断功能可以把系统的故障情况通知给相应的维护部门，使维修部门可以根据需要派遣相应的技术人员来维修；远距离传送记录的文件。

双机热备的冗余方式使车辆段计算机联锁系统出现局部故障时，在不影响设备运行安全的情况下系统具备故障弱化功能。

3.2 闭塞原理

为保证铁路必要的通过能力和行车安全，铁路线路以车站为分界点划分若干个区间。列车在区间内运行时，速度快、质量重、制动距离长，由于区间内一般不设置道岔，因此不能避让。所以必须采取技术措施确保列车在区间内运行安全，在同一区间，只准许一列列车运行。我们把在规定区间，只准许一列列车运行的方式称为闭塞，实现闭塞方式的设备叫做闭塞设备。

3.2.1 闭塞制式及发展

区间闭塞系统是确保列车在区间运行安全的信号设备，闭塞系统又直接影响行车效率。随着技术发展，闭塞系统也在不断提高和发展。

3.2.1.1 人工闭塞

铁路最先采用的是基于机-电结合的电气路签或路牌，作为列车占用区间的"凭证"，司机取得"路签或路牌"后，才能驶入区间，而且当列车抵达下一个车站，司机必须将"路签或路牌"交还给行车值班员，以证明区间已经空闲，允许下一列车再驶入区间。这种人工闭塞方式在交接凭证和检查区间状态，都是依靠人工来完成的，所以叫做人工闭塞。随着电气自动化技术的发展，这种机-电结合的人工闭塞方式逐渐被半自动闭塞系统替代。

城市轨道交通中，当信号系统全部故障不能使用时，在行车调度员的授权下，发车站行车值班员用"电话"通知接车站的行车值班员，做好接车准备，同时签发占用区间的"路票"，发车站的司机得到"路票"后，才允许列车出站；列车抵达下一个车站，司机必须将"路票"交换给接车站的行车值班员，这种方式称为"电话闭塞"。

3.2.1.2 半自动闭塞

半自动闭塞是指由人工办理闭塞手续，列车凭出站信号机的进行信号显示作为发车凭证，列车发车后，出站信号机自动关闭的方法。

发车站要发车，发车站行车值班员必须与接车站行车值班员配合，办理好闭塞手续，才能开放发车站的出站信号机；司机根据出站信号机的允许显示驶入区间，列车头部进入出站信号机内，出站信号机会自动关闭，实现区间闭塞，不允许后续列车再进入区间；列车到达接车站后，由接车站值班员，确认列车完整到达，然后接车站行车值班员向发车站发出闭塞复原信息，使区间闭塞解除。这种方法，既要值班员办理操作，又需依靠列车的作用自动动作，所以称为半自动闭塞。

3.2.1.3 自动闭塞

上述半自动闭塞系统，一个区间只允许一列列车运行，因此行车效率很低；为了提高区间通过能力，自动闭塞系统便应运而生。我国的大量现代城市轨道交通信号系统就是从自动闭塞开始的，经历了固定闭塞、准移动闭塞，一直到目前最流行的移动闭塞的发展历程。

运行列车间的空间间隔是若干个闭塞分区，闭塞分区数依划分的速度级别而定。一般情况下，闭塞分区是利用轨道电路或计轴装置来划分的，它具有列车定位和占用轨道的检查功能。固定闭塞的追踪目标点为前行列车所占用闭塞分区的始端，后行列车从最高速开始制动的计算点为要求开始减速的闭塞分区的始端，这两个点都是固定的，空间间隔的长度也是固定的，所以被称为固定闭塞。

目标距离控制模式根据目标距离、目标速度及列车本身的性能确定列车制动曲线，不必设定每个闭塞分区速度等级，采用一次制动方式。准移动闭塞的追踪目标点是前行列车所占用闭塞分区的末端，当然会留有一定的安全距离，而后行列车从最高速度开始制动的计算点是根据目标距离、目标速度及列车本身的性能计算决定的。目标点相对固定，在同一闭塞分区内不依前行列车的走行而变化，而制动的起始点是随线路参数和列车本身性能不同而变化的。空间间隔的长度是不固定的，所以被称为准移动闭塞。

移动闭塞的追踪目标点是前行列车的尾部，当然会留有一定的安全距离，后行列车从最高速开始制动的计算点是根据目标距离、目标速度及列车本身的性能计算决定的。目标是前行列车的尾部，与前行列车的走行和速度有关，是随时变化的，而制动的起始点是随线路参数和列车本身性能不同而变化的。空间间隔的长度是不固定的，所以被称为移动闭塞。

下文将对移动闭塞进行详细介绍。

3.2.2 移动闭塞工作原理

无线 CBTC 信号系统往往采用移动闭塞制式，其列车运行许可主要依靠移动授权（Movement Authority，MA）功能，以此来保证安全的列车运行间隔。无线 CBTC 信号系统主要包括区域控制器（轨旁 ATP）和计算机联锁、ATS 系统以及装备在列车上的车载控制器。移动授权功能主要是通过区域控制器来完成的。

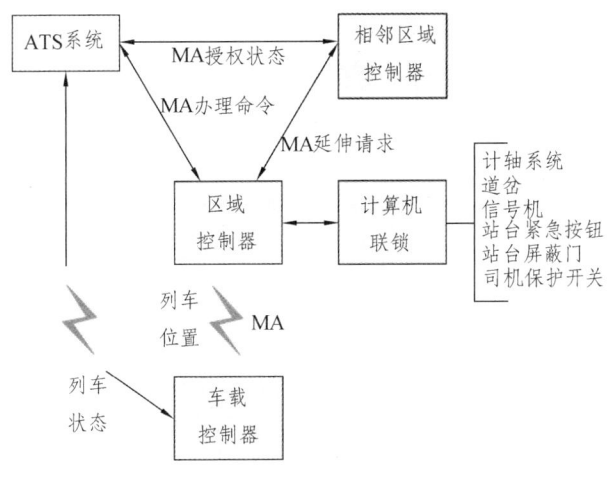

图 3.3 区域控制器工作原理

ATS 系统提供了人机接口，可以将系统的自动 MA 办理命令或操作员的人工 MA 办理命令发至区域控制器。区域控制器会根据 ATS 命令计算当前区域的 MA，一方面与同一区域的计算机联锁通信，采集设备状态，包括计轴系统、道岔、信号机等，根据 MA 的授权范围，扳动道岔到指定位置，开放信号机；另一方面与车载控制器通信，将授权的 MA 发送到列车，限定列车运行的目标距离，并根据实时发回的列车位置，自动解锁 MA。特别情况下，当请求的 MA 需要跨越区域边界时，当前区域的区域控制器会向相邻区域的区域控制器发送 MA 延伸请求，相邻区域控制器接受该请求后，就会计算自身区域的 MA，并在列车进入前发出授权的 MA。

3.2.3 移动授权的定义和分类

移动授权有两种：移动授权限制（Limit of Movement Authority，LMA）和人工列车授权（Authorization for Manual Train，AMT）。

LMA 定义为受控列车（ATO/ATPM 模式的列车）的移动授权，是实现移动闭塞的基础。LMA 起点是受控列车车尾的位置，终点是 MA 办理请求的目的地（包括信号机、站台和虚拟站台）之后再增加一个 50 m 的防护区段，该防护区段的长度是列车在连续制动过程中超速实施紧急制动时越过 MA 请求目的地的最大距离。

LMA 的数据是基于移动闭塞区段的，如图 3.4 所示。

图 3.4 中，C1 到 C10 的空心圆点均表示道岔的岔尖位置，而位于两个岔尖之间的线路则被称为移动闭塞区段，如 YBD1-YBD7。特殊情况时，岔尖和线路尽头之间也是一个移动闭塞区段，如 C3 和 JT1 之间的线路，以及 C4 和 JT2 之间的线路。移动闭塞区段的定义不受区域边界的影响，除非这个区域边界是整个信号系统的边界，如与车辆段的边界。移动闭塞区段的定义具有方向性。

在移动闭塞区段被划分之后，每个区域控制器中还会定义一系列路径，路径是指从区域的一个边界到另一个边界的可能的列车运行线路。图 3.4 中，点 A 和点 B 之间的带有双箭头的粗实线就表示一条路径。路径 AB 的起点用 YBD1 和在这个移动闭塞区段内的偏移量来表示，终点则用 YBD7 和在这个移动闭塞区段内的偏移量来表示，整个路径则由移动闭塞区段 YBD1-YBD7 来组成。当 ATS 发送 MA 办理命令时，就需要向区域控制器提供路径标识号，以及 MA 起点（移动闭塞区段+偏移量）和终点（移动闭塞区段+偏移量）。

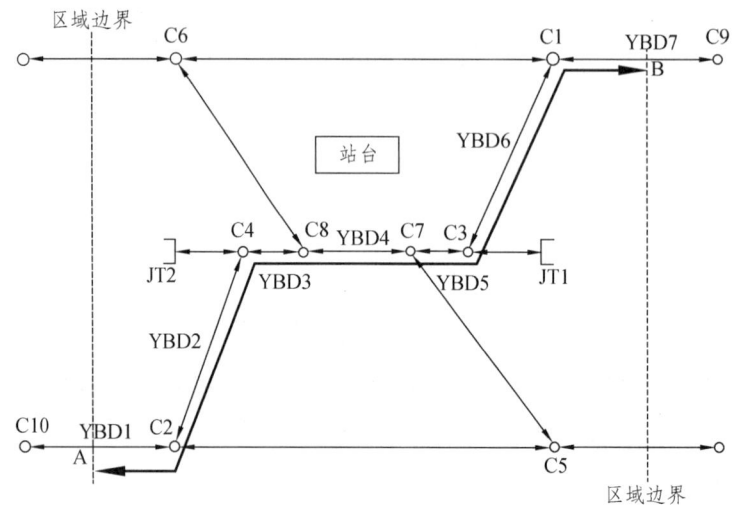

图 3.4 移动闭塞线路拓扑

AMT 定义为非受控列车（RMF 模式列车，以及非通信列车，这里的非通信是指区域控制器和车载控制器失去通信）的移动授权。AMT 起点是列车所占用的计轴区段的中点，终点是 MA 办理请求的目的地之后再增加的一个完整的计轴区段。特别说明，信号机到信号机的移动授权也属于 AMT。

AMT 的数据是基于计轴区段的，无线 CBTC 系统在实施时，通常会带有后备系统，后备系统依赖于计算机联锁的固定闭塞进路，其实现方式是在线路上安装计轴设备，每两组计轴磁头之间就形成一个计轴区段，在计轴区段的分界处会根据固定闭塞设计的要求设置信号机。

3.2.4 移动授权功能分析

3.2.4.1 移动授权的办理

办理移动授权时，ATS 会向区域控制器提供用户类型、用户标识号、起点坐标、路径标识号、终点类型、终点标识号、终点坐标、MA 方向、请求类型、解锁类型。如表 3.1 所示列出了办理移动授权的各类情况。

表 3.1 办理移动授权的各类情况

用户类型	请求类型	授权类型	解锁类型
受控列车 （ATO/ATPM）	自动 人工	LMA	自动
非受控列车 （RMF）	自动 人工	AMT	自动

续表

用户类型	请求类型	授权类型	解锁类型
非通信列车 （WSP/切除）	自动 人工	AMT	自动
信号机	人工	AMT	人工
入口	自动	AMT	自动
	人工	AMT	自动 人工

用户类型是指接受移动授权的对象，包括列车、信号机、入口。请求类型包括自动和人工，自动是指ATS根据时刻表自动触发办理命令；人工则是操作员通过ATS界面手动发出办理命令。解锁类型也包括自动和人工，自动是指列车通过后MA可以自动解锁；人工则是列车通过后MA需要人工命令才能解锁。

在解析完ATS的MA办理命令后，区域控制器开始计算移动授权，其过程如图3.5所示。

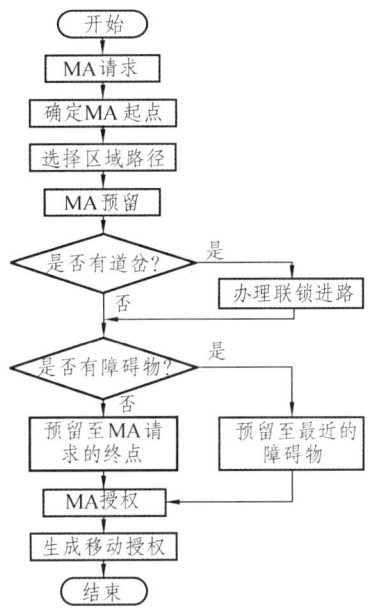

图 3.5 移动授权的计算过程

图3.5中，区域控制器收到ATS系统发送的MA请求后，可以确定MA的起点，并根据路径标识号选择MA所通过的路径，然后开始MA预留，这个过程类似于计算机联锁系统的进路检查。当区域控制器检查到请求MA内有道岔时，会向计算机联锁发送办理防护道岔的联锁进路命令，然后检查请求MA内是否有障碍物（详见图3.3），如果是，则MA只能预留至最近的障碍物；如果不是，则MA可以预留至请求的终点（即目的地加上一个防护区段）。对于没有道岔的MA，区域控制器不需要向计算机联锁发送命令，而是直接检查请求MA内是否有障碍物。最后，MA预留成功后，进行MA授权，对外发送授权的MA。

上文主要描述了正常情况下MA的办理，但是当线路上出现故障时，就需要办理引导MA。引导MA的操作有两步，首先，办理非受控列车MA或信号机MA，然后，对防护信号机实施开放引导信号操作。

3.2.4.2 移动授权的解锁

对于自动解锁 LMA，区域控制器需要使用列车主用定位功能来获取列车当前的实际位置，随着列车沿 MA 方向前行，在列车车尾后面的 MA 便会立即自动解锁。

列车的主用定位功能主要是由车载控制器根据轨旁布置的定位信标，以及车载安装的速度传感器和加速度计的实时测量数据综合计算而得到的。当车载控制器通过无线通信向区域控制器发送实际列车位置时，还会同时发送定位不确定量，从而导致区域控制器判定列车位置时，会有以下几种情况（详见图 3.6）。

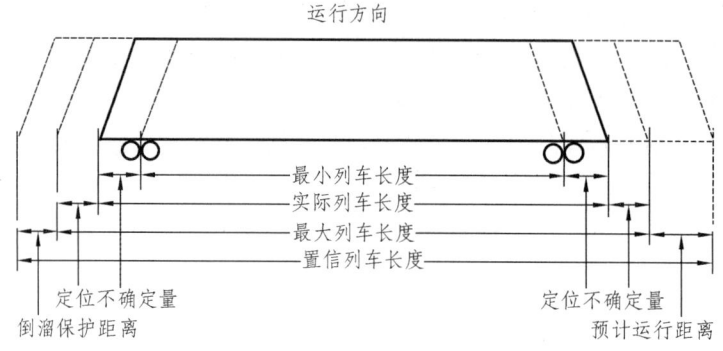

图 3.6 区域控制器中的列车长度

（1）实际列车长度，该长度对应的是列车的实际车头位置和车尾位置，由车载控制器发送的数据直接生成，主要用于移动授权的办理和解锁逻辑处理。

（2）最小列车长度，该长度对应的是列车的实际车头位置和车尾位置向内减去定位不确定量而得到的最小车头位置和最小车尾位置。当次级定位功能报告列车尾部的计轴区段空闲，而主用定位功能报告最小列车长度列车的车尾占用该区段时，区域控制器会生成"故障空闲"报警。

（3）最大列车长度，该长度对应的是列车的实际车头位置和车尾位置向外加上定位不确定量而得到的最大车头位置和最大车尾位置。当最大列车长度列车的车尾都不在当前区域时，区域控制器就认为列车已经离开本区域，并切断与列车的通信。

（4）置信列车长度，该长度对应的是列车的最大车头位置向外加上列车预计运行距离而得到的置信车头位置，以及最大车尾位置向外加上倒溜防护距离而得到的置信车尾位置，主要用于非通信列车的管理。

对于自动解锁 AMT，区域控制器依靠基于计轴系统的次级定位功能来获取列车当前位置，MA 解锁的条件类似于传统联锁设备的"三点检查"，MA 所包含的计轴区段必须按照列车前行的次序，经历过"空闲—占用—空闲"之后，才能自动解锁。人工解锁 AMT，列车通过后，MA 不会自动解锁，而是重新开放防护信号机。

LMA 和 AMT 都可以人工解锁，但是会延时 90 s。与传统的联锁进路不同，MA 的人工解锁不考虑列车位置而是统一延时解锁，传统的联锁设备则会根据列车位置的不同而采取不同的解锁延时方式，比如：当进路相关区段无车时，人工解锁无延时；当进路接近区段占用时，人工解锁则会有延时。

3.2.4.3 移动授权的回撤

在 MA 办理成功之后，如果授权 MA 内出现了障碍物，授权的 MA 就会回撤到障碍物的边缘。如表 3.2 所示列举了影响 LMA 和 AMT 的障碍物类型。

表 3.2 移动授权的障碍物

	LMA 障碍物	AMT 障碍物
1	当前 MA 的终点	当前 MA 的终点
2	其他 MA 的预留	其他 MA 的预留
3	其他 MA 的授权	其他 MA 的授权
4	未清扫 NCO	
5	道岔区域	道岔区域
6	关闭的轨道	关闭的轨道
7	司机保护区域	司机保护区域
8	区域的边界	区域的边界
9	区域边界计轴区段	区域边界计轴区段
10	ATC 系统入口区域	ATC 系统入口区域
11	转换轨	转换轨
12	置信长度的列车	置信长度的列车
13	缓行回退保护点	缓行回退保护点

这里只重点描述障碍物——未清扫 NCO（Non-communication Obstruction，非通信障碍物）。当受控列车行驶在某个区域时，如果与当前区域的区域控制器失去通信，列车就会变成非通信列车，如果失去通信的时间超过 60 s，区域控制器就会根据列车所占用的计轴区段，创建未清扫 NCO，其长度就是列车占用的计轴区段的长度。如果线路上存在未清扫 NCO，操作员在确认该区域内无车后，先预复位 NCO 对应的计轴区段，然后便可以办理非受控列车 MA，当列车通过后，计轴区段变为空闲，未清扫 NCO 就会消失。

3.2.4.4 移动授权的转换

LMA 和 AMT 之间可以相互转换。有以下两种情况：

当列车驾驶模式由受控模式转换为非受控模式，那么原来的受控列车 LMA 就会相应地转换为非受控列车 AMT。反之亦然。

当受控列车行驶在某个授权 LMA 上时，如果该列车与当前区域的区域控制器失去通信，区域控制器会保持当前 LMA 达 9 s，在这段时间内，如果车地通信恢复，受控列车 LMA 依然保持原有状态，但是如果车地通信没有恢复，受控列车 LMA 就会转换成非通信列车 AMT。当非通信列车行驶在某条非通信列车 AMT 上时，如果车地通信建立，那么非通信列车 AMT 就可以立即转换为受控列车 LMA。

3.3 CBTC 信号系统原理和功能

基于无线通信的 CBTC 系统是支持移动闭塞的列车运行控制系统,现在是城市轨道交通信号系统的主流制式。近些年来,在中国城市轨道交通协会的组织下,陆续发布了一系列 CBTC 系统的技术标准,下文将结合这些标准进行介绍。

3.3.1 CBTC 信号系统架构

CBTC 系统是基于大容量、连续的车地信息双向通信及列车定位与控制技术,实现列车的速度控制,采用不依赖轨旁列车占用检测设备的列车主动定位技术和连续车-地双向数据通信技术,通过能够执行安全功能的车载和地面处理器从而实现连续式列车自动控制系统的构建。

如图 3.7 所示,典型的城市轨道交通 CBTC 系统,按照地点来分,即物理架构,包括控制中心、设备集中站、轨旁室外、列车、车辆段/停车场、试车线、维修中心、培训中心。

控制中心是整条线路调度列车和指挥运营的中枢,具备最高的控制权限和管理能力,主要有控制中心 ATS 设备、控制中心 DCS 设备及控制中心电源,通常安装在信号设备室和调度大厅。一条线路只有一个控制中心,根据项目具体的要求,也可配置备用控制中心。

设备集中站是控制中心调度列车和指挥运营的基石,具备区域内的控制权限和管理能力。根据设备性能和管理要求,整条线路会被划分为若干区域,每个区域包括一个设备集中站和多个非设备集中站。设备集中站主要有车站 ATS、车站 DCS、计算机联锁 CI、地面 ATP、车站 MSS、轨旁电子单元 LEU 及车站电源等设备,通常安装在信号设备室和车站控制室。

轨旁室外设备通常是指信号设备室和车站控制室以外的信号设备,主要有发车计时器、计轴、道岔、信号机、站台门、紧急停车按钮、可变应答器、固定应答器、轨旁无线通信设备等,通常安装在线路和站台。

列车是承载乘客的最小运营单位,由多种车辆编组构成,配合控制中心和设备集中站等轨旁信号设备,实现列车的安全运行控制。列车主要有车载 ATP/ATO、应答器传输模块 BTM、轮轴转速传感器、多普勒雷达传感器、车载显示器、车载无线通信设备、车载 MSS 等设备,通常安装在车内和车底。

车辆段是停放、检查、维修、测试和清洗列车的场所,主要有安装在信号设备室和车辆段控制室的车辆段 ATS、车辆段 DCS、计算机联锁 CI、车辆段 MSS、车辆段电源,以及安装在车辆段室外线路的轨道电路、道岔、信号机等设备。由于不含特殊工艺设备,停车场通常不具备列车维修、测试及清洗等功能,但是信号设备的组成与车辆段类似。

试车线通常设置在车辆段,是列车维修后进行车辆和信号测试的一段线路,由于需要具备与载客运营线路相同的系统功能,试车线包含一套比较完整的 CBTC 系统,主要有安装在信号设备室和试车线控制室的试车线 ATS、试车线 DCS、计算机联锁 CI、地面 ATP、试车线 MSS、轨旁电子单元、试车线电源,以及安装在试车线室外线路的计轴、道岔、信号机、可变应答器、固定应答器、轨旁无线通信设备等。对于个别 110 km/h 和 120 km/h 的高速线路，为了节约利用车辆段土地资源，也可在载客运营线路中选取一段作为试车线。

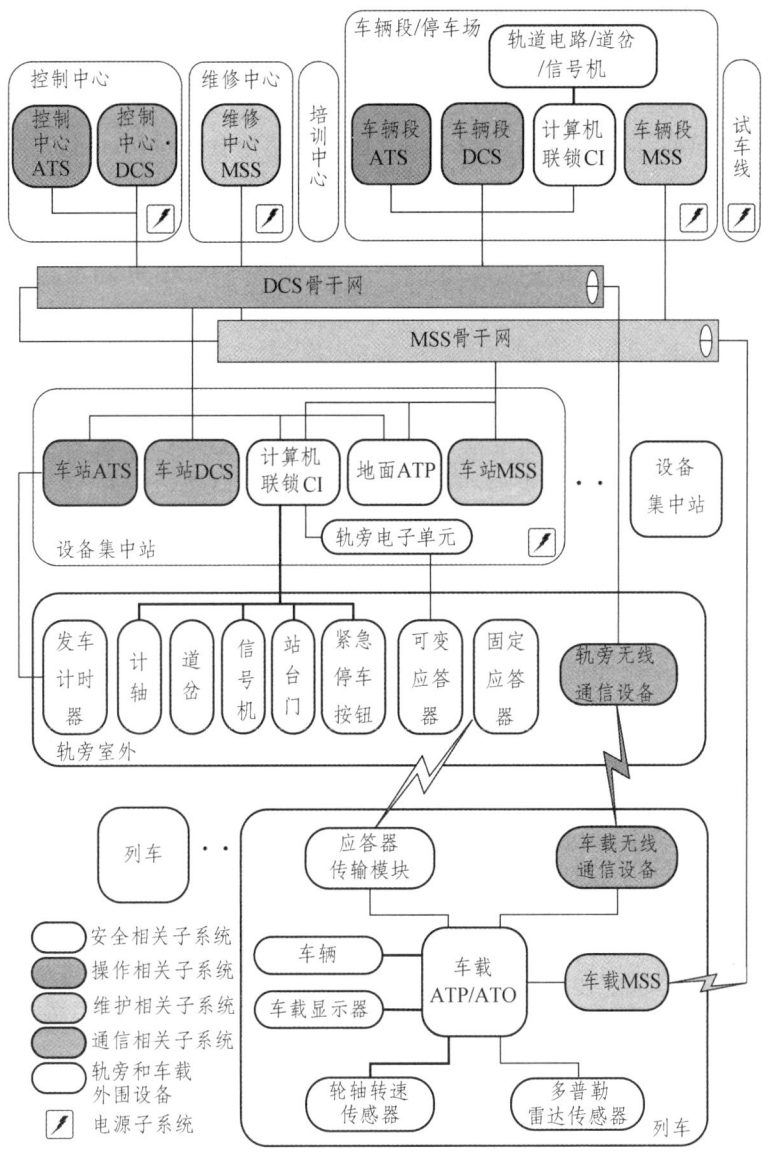

图 3.7 CBTC 系统架构图

维修中心是整条线路监测设备、维护支持和备件管理的机构，主要有维修中心 MSS、维修中心电源及其他用于维护的特殊工具等设备。

培训中心是对整条线路工作人员进行操作和维护培训的场所，由于需要具备与载客运营线路相同的系统功能，培训中心包含一套比较完整的 CBTC 系统，主要有安装在信号设备室和培训室的控制中心和车站 ATS、控制中心和车站 DCS、计算机联锁 CI、地面 ATP、维修中心和车站 MSS、轨旁电子单元、培训中心电源，以及发车计时器、计轴、道岔、信号机、可变应答器、固定应答器、轨旁无线通信设备等。培训中心设备与载客运营线路设备是独立的，即离线工作，根据项目具体要求，也可配置室外真实线路。

如图 3.7 所示为典型的城市轨道交通 CBTC 系统，按照功能来分（即逻辑架构），包括 ATP 子系统、ATO 子系统、CI 子系统、ATS 子系统、DCS 子系统、MSS 子系统、培训子系统以及电源子系统。

ATS 子系统是向运营人员显示全线轨旁和车载设备状态和报警，提供全线轨旁和车载设备控制命令，支持列车运行的自动调整，并配有系统运营记录和回放功能，及系统运营培训功能的安全相关子系统，包括控制中心 ATS、车站 ATS 和车辆段 ATS。

ATP 子系统是采用速度—距离控制模式曲线，实现列车速度控制，放置列车超速，确保追踪列车之间的安全行车间隔的安全苛求子系统，包括地面 ATP 和车载 ATP。由轨旁电子单元 LEU、可变应答器、固定应答器以及应答器传输模块 BTM 构成的应答器系统，辅助 ATP 子系统实现列车定位和点式移动授权功能。

ATO 子系统是在 ATP 子系统的保护下，自动驾驶列车，根据 ATS 子系统的命令，实现列车在区间运行的自动调整，并可实现列车的节能运行控制的安全相关子系统，主要是车载 ATO。

CI 子系统是按一定的程序和条件控制轨旁的道岔转辙机和信号机，建立列车运行进路，确保进路上轨道区段、道岔、信号机之间联锁的安全苛求子系统，包括设备集中站 CI 和车辆段/停车场 CI。

DCS 子系统是子系统间信息交换的传输通道，提供透明通道传输能力，包括控制中心 DCS、车站 DCS、车辆段 DCS 构成的 DCS 骨干网以及轨旁无线通信设备、车载无线通信设备构成的车地无线网。

MSS 子系统是向维护人员提供就地监测和远程报警的系统，包括维修中心 MSS、车站 MSS、车辆段 MSS、车载 MSS。由于维护信息的数据量较大，通常情况下，MSS 骨干网及车地无线网与 DCS 骨干网及车地无线网是独立的。

培训子系统能够模拟 CBTC 系统的设备运营情况，展示系统与设备的工作原理，实现正线典型设备集中站管辖区域的模拟培训，设备组成详见上文的培训中心相关描述。

电源子系统主要是为轨旁信号设备提供电源，包括控制中心电源、车站电源、车辆段电源、试车线电源、维修中心电源、培训中心电源。每个信号设备室的电源主要由智能电源屏、不间断电源和电池组成，并能经过通信专业的传输系统，把全线电源设备的状态和报警发送至控制中心的电源子系统监控服务器。

3.3.2 CBTC 信号系统功能

作为涉及行车安全的关键设备，CBTC 系统能识别和防护的系统风险有：

（1）列车冲突（追尾、侧冲、迎面冲突）：该风险映射为列车间隔防护、退行防护、列车完整性防护、联锁安全进路功能。

（2）列车与轨旁设备相撞：该风险映射为轨道末端防护、进路限制防护。

（3）列车脱轨：该风险映射为列车超速防护、联锁安全进路防护等。

（4）与列车移动和列车车门及站台门相关的乘客人身风险：该风险映射为 CBTC 系统和列车车门及站台门系统接口防护、列车停稳检测、发车联锁。

CBTC 系统遵循右侧行车原则。

CBTC 区域覆盖正线、转换轨及各线路之间的联络线。车辆段/停车场通常不设置地面 ATP 和应答器系统,也就无法实现车地之间连续通信及控制,属于非 CBTC 区域;试车线通常设置全套 CBTC 设备,属于 CBTC 区域。

3.3.2.1 正线及试车线系统

CBTC 系统的列车运行控制级别分为三级:连续式列车控制级别、点式列车控制级别、联锁控制级别。

连续式列车控制级别为信号系统的正常控制方式,基于移动闭塞原理,采用连续速度曲线控制方式,实时监督列车运行;点式列车控制级别为系统的降级控制方式,基于固定闭塞原理,采用一次模式速度曲线控制方式,实时监督列车运行;联锁控制级别为系统的降级控制方式,基于固定闭塞原理,司机根据轨旁信号机的显示行车。

CBTC 系统的列车驾驶模式有列车自动运行模式(Automatic Train Operation Mode,简写为 AM)、列车自动防护模式(Controlled Train Operating Mode,CM)、限制人工驾驶模式(Restricted Train Operating Mode,RM)、非限制人工驾驶模式(Emergency Unrestricted Train Operating Mode,EUM)。

AM 模式是在司机监控下,CBTC 系统自动控制列车运行,并进行安全防护;CM 模式是在列车自动防护设备的防护下,司机驾驶列车运行;RM 模式是司机按规定的目视行车限速控车运行,列车自动防护设备进行超速防护;EUM 模式下,ATP 自动防护设备已被切除,车载设备不对列车运行进行监控,司机按操作规程驾驶列车。

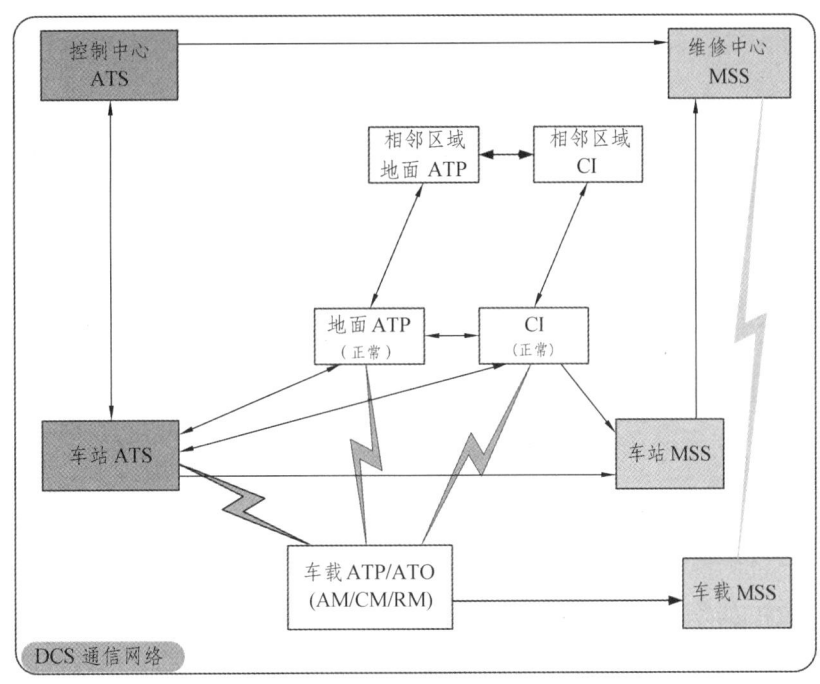

图 3.8 连续式列车控制级别原理图

如图 3.8 所示，连续式列车控制级别下，地面 ATP 和 CI 均须正常工作。其中：地面 ATP 是核心子系统，负责计算移动闭塞制式所需的连续式列车移动授权，通过车地无线网络通信把移动授权发送给车载 ATP/ATO；CI 是基础子系统，主要通过进路功能控制轨旁外围设备，并与地面 ATP 校核列车位置，以实现进路办理和解锁/取消的精细控制；车载 ATP/ATO 主要使用连续式 AM 和连续式 CM 模式，实时接收地面 ATP 发送的移动授权，监控列车的运行。此外，地面 ATP 还需要与相邻区域地面 ATP 进行通信，交换列车的状态信息和移动授权信息，从而实现不间断的跨区域运行。

ATS 有控制中心和车站两级。正常情况下，系统主要使用控制中心 ATS，监控全线所有的轨旁和车载设备；当冗余的控制中心 ATS 全部发生故障时，车站 ATS 可以继续使用，监控本区域内的轨旁和车载设备。

MSS 包括维修中心 MSS、车站 MSS 和车载 MSS。维修中心 MSS 主要负责收集和汇总全线所有轨旁和车载设备的状态和报警信息，车站 MSS 只收集本区域内轨旁设备的状态和报警信息，车载 MSS 只收集所在列车的车载设备的状态和报警信息。MSS 只监不控。

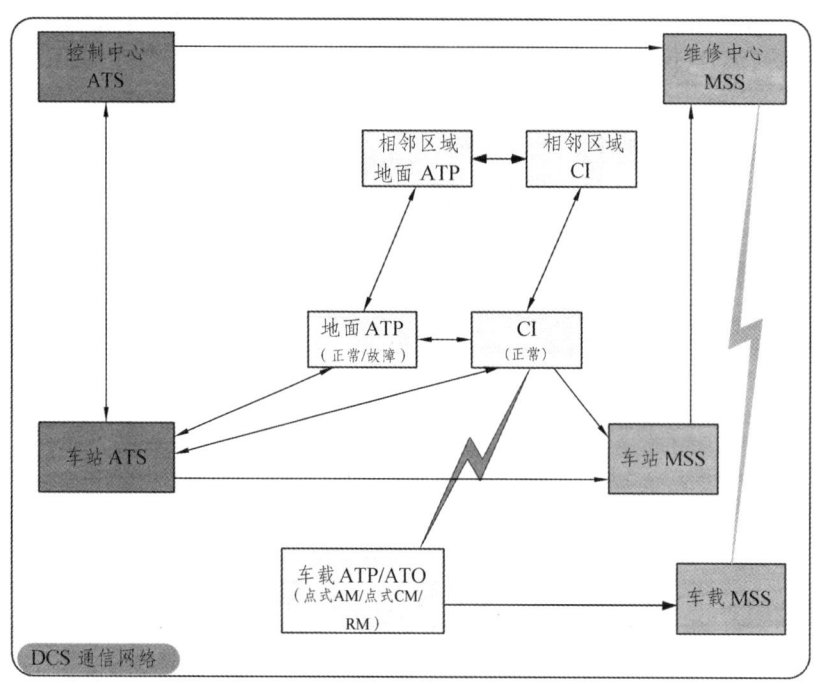

图 3.9　点式列车控制级别原理图

如图 3.9 所示，点式列车控制级别下，CI 必须正常工作，主要使用进路功能控制轨旁外围设备，并通过应答器射频通信向车载 ATP/ATO 发送固定闭塞制式所需的点式列车移动授权。地面 ATP 如果正常工作，还可以继续计算连续式列车移动授权，但由于和车载 ATP/ATO 不能交换信息，因此不会对 CI 和车载 ATP/ATO 产生影响；地面 ATP 如果发生故障，相关通信连接将中断，系统在 CI 控制下，继续运行在点式列车控制级别。车载 ATP/ATO 主要使用点式 AM 和点式 CM 模式，在有可变应答器的位置接收 CI 发送的移动授权，监控列车的运行。此外,CI 还需要与相邻区域 CI 进行通信,交换列车位置信息和轨旁进路信息,从而实现不间断的跨区域运行。

ATS 的工作原理与连续式列车控制级别类似,只是能够监控的设备减少了。

MSS 的工作原理与连续式列车控制级别类似。由于 MSS 网络与 DCS 网络相互独立,维修中心 MSS 也许还可以收集到车载设备的状态和报警信息。

如图 3.10 所示,联锁控制级别下,CI 必须正常工作,主要使用进路功能控制轨旁外围设备,轨旁无法向车载 ATP/ATO 发送连续式或点式移动授权。地面 ATP 如果正常工作,还可以继续计算连续式列车移动授权,但由于和车载 ATP/ATO 不能交换信息,因此不会对 CI 和车载 ATP/ATO 产生影响;地面 ATP 如果故障,相关通信连接将中断,系统在 CI 控制下,继续运行在联锁控制级别。车载 ATP/ATO 主要使用 RM 模式监控列车的运行。此外,CI 还需要与相邻区域 CI 进行通信,交换列车位置信息和轨旁进路信息,从而实现不间断的跨区域运行。

ATS 的工作原理与连续式列车控制级别类似,只是能够监控的设备减少了。

MSS 的工作原理与连续式列车控制级别类似。由于 MSS 网络与 DCS 网络相互独立,维修中心 MSS 也许还可以收集到车载设备的状态和报警信息。

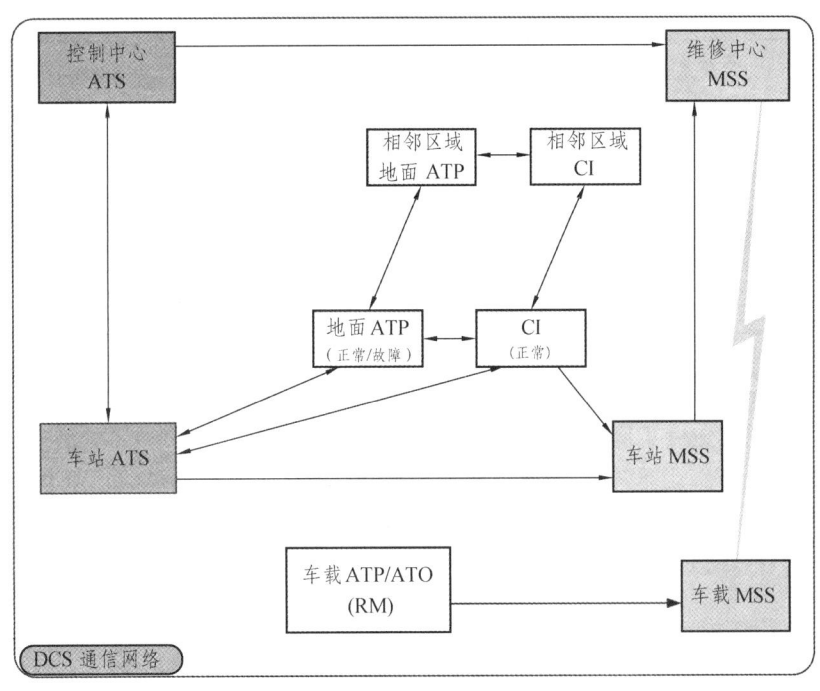

图 3.10 联锁控制级别原理图

不同控制级别之间可以进行转换,如图 3-11 所示。当列车无定位且车地之间无法传输连续式或点式移动授权时,系统会从连续式或点式列车控制级别直接降级到联锁控制级别。连续式列车控制级别不可降级到点式列车控制级别。当列车建立定位且获取点式或连续式移动授权时,系统会从联锁控制级别直接升级到点式或连续式列车控制级别。点式列车控制级别在列车建立定位且获取连续式移动授权的情况下,升级到连续式列车控制级别。

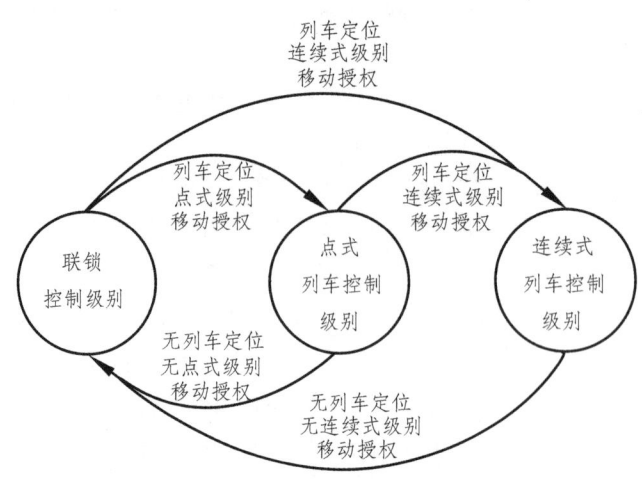

图 3.11 控制级别之间转换

如表 3.3 所示，不同控制级别支持不同驾驶模式的列车。

表 3.3 控制级别与驾驶模式对照表

	非限制人工驾驶模式 EUM	限制人工驾驶模式 RM	列车自动防护模式 CM	列车自动运行模式 AM
联锁控制级别	√	√	×	×
点式列车控制级别	×	×	√	√
连续式列车控制级别	×	×	√	√

CBTC 系统可以支持不同运行控制级别的列车混合运行。

列车驾驶模式等级由低至高分别为：RM、CM、AM。当驾驶模式由低等级向高等级转换时，列车可以不停车进行转换；当驾驶模式由高等级向低等级转换时，为保证行车安全，列车于停车后进行转换。

3.3.2.2 车辆段/停车场系统

车辆段/停车场 CBTC 系统通常不设置地面 ATP 和应答器系统，其列车运行控制级只有联锁控制级别。车辆段/停车场 CI 必须正常工作，主要使用进路功能控制轨旁外围设备，轨旁无法向车载 ATP/ATO 发送连续式或点式移动授权。车载 ATP/ATO 主要使用 RM 模式监控列车的运行。此外，车辆段/停车场 CI 还需要与正线/试车线 CI 进行通信，交换列车位置信息和轨旁进路信息，从而实现不间断的跨区域运行。

车辆段/停车场 ATS 会把车辆段/停车场轨旁设备信息发送至控制中心 ATS 显示，但控制中心 ATS 不会控制车辆段/停车场。

车辆段/停车场 MSS 通常称为车辆段/停车场微机监测，监督和采集车辆段/停车场设备状态和报警，并且可根据需要把这些维护信息发送至维修中心 MSS。

当出车辆段/停车场时，列车在出车辆段/停车场的转换轨处不停车进行驾驶模式转换，车载设备自动或人工转换为 CM 或 AM 驾驶模式；当回车辆段/停车场时，列车在回车辆段/停车场的转换轨处停车进行驾驶模式转换，车载设备经司机确认后转换为 RM 驾驶模式，列车在车辆段/停车场内运行时具有车组号的跟踪、显示功能。

近年来，随着无人驾驶线路的增多，出现了全自动车辆段/停车场，与正线 CBTC 系统类似，配置地面 ATP 和应答器系统，车载设备可以使用 CM 或 AM 驾驶模式，但是由于车辆段/停车场道岔较多，列车限速不高，与 RM 驾驶模式限速类似。

3.3.3 CBTC 信号系统性能

CBTC 系统支持双向不同固定编组长度和不同性能参数的列车运行。

CBTC 系统应满足正线设计追踪间隔不大于 90 s 的要求。

自动驾驶模式下，在保证列车舒适度的要求，即列车纵向冲击率小于等于 0.75 m/s^3 的前提下，在车站站台的停车精度为 ±0.3 m 时，列车停在该停车精度范围内的概率应不小于 99.99%；停车精度为 ±0.5 m 时，列车停车在该停车精度范围内的概率应不小于 99.9998%。

列车实现无人自动折返的正确率不低于 99.99%。

因信号系统的原因导致的非期望（不正常）紧急制动发生率应小于 1 次/万组公里。

系统应满足 24 h 不间断运营的要求。

ATP 轨旁设备的平均故障间隔时间：$\text{MTBF} \geqslant 10^5 \text{ h}$。

ATP 车载设备的平均故障间隔时间：$\text{MTBF} \geqslant 10^5 \text{ h}$。

CI 设备的平均故障间隔时间：$\text{MTBF} \geqslant 10^5 \text{ h}$。

系统的可用性应不小于 99.98%。

轨旁设备的平均故障修复时间：$\text{MTTR} \leqslant 4 \text{ h}$。

车载设备的平均故障修复时间：$\text{MTTR} \leqslant 30 \text{ min}$。

系统中涉及安全的 ATP 子系统、CI 子系统、计轴的安全完整性等级应达到 GB/T 28808、GB/T 28809 规定的 SIL4 级标准。

3.4 无人驾驶信号系统

无人驾驶信号系统是实现更高自动化等级的 CBTC 系统。

根据 IEC 62290 中城市轨道交通列车运行控制系统的自动化等级（Grade of Automation）的定义，CBTC 系统的自动化程度包括 GOA0~GOA4 五个等级，每个等级的功能要点如表 3.4 所示。

GOA3 和 GOA4 都属于无人驾驶信号系统，简单来讲，前者系统内的列车两端配有驾驶室，而后者系统内的列车两端没有驾驶室。

表 3.4 列车运行控制系统自动化等级

功能		目视行车 GOA0	无自动行车 GOA1	半自动行车 GOA2	无人驾驶行车 GOA3	无人值守行车 GOA4
保证列车安全运行	保证安全进路	×①	√	√	√	√
	保证列车安全间隔	×	√	√	√	√
	保证安全速度	×	×②	√	√	√
驾驶列车	控制加速和制动	×	×	√	√	√
监控线路	防止碰撞障碍物	×	×	×	√	√
	防止碰撞轨道上的人员	×	×	×	√	√
监控乘客上下车	控制乘客通过的门	×	×	×	×	√
	防止人员在每节车之间或列车和站台之间通过时受伤	×	×	×	×	√
	保证安全启动条件	×	×	×	×	√
运行列车	投运或停运列车	×	×	×	×	√
	监控列车状态	×	×	×	×	√
保证紧急情况的检测和管理	检测火灾/烟雾，检测脱轨，检测列车完整丢失，管理乘客请求（呼叫、逃生、监控）	×	×	×	×	√③

注释：
×表示由运营人员执行（也许通过列车运行控制系统）；√表示由列车运行控制系统执行。
① 道岔控制由系统执行；② 部分由系统执行；③ 运营人员在控制中心

GOA3 信号系统，正常运营时使用无人驾驶 DTO（Driverless Train Operation）模式，列车不需要任何驾驶操作就可以全自动运营，包括自动启动、车门自动开关、自动停站、远程休眠/唤醒、列车电喇叭远程控制、列车救援远程控制、逃生门远程控制等功能；该模式需要车载值守人员，且应在车头位置监督列车运行前方是否有障碍物，如：线路地下越江段是否有大面积渗水、线路地下折返线与正线隔离墙是否坍塌、台风季节线路高架段是否有不明物体坠落、列车运行过程中是否脱轨等。值得注意的是，全自动驾驶运营模式往往配置自动化车辆段或停车场。

GOA4 信号系统，正常运营使用无人值守 UTO（Unattended Train Operation）模式，运营过程中列车上没有任何工作人员，信号系统不仅要实现列车正常和故障运行时的全自动控制，还应至少具备轨道障碍物自动检测、站台门和车门之间人员自动检测，以及列车客室内火灾和水浸自动检测等一系列涉及乘客人身安全的防护功能，同时还须提供列车乘客与中央调度员的紧急通信功能，以应对其他可能存在的安全风险。

3.4.1 无人驾驶正常运营场景

3.4.1.1 自动出库

每天早晨开始运营前，操作员根据运营需要选取并激活当天的运行计划，无人驾驶信号系统在运行计划定义的时刻，按照列车的健康状态和停放位置，依次唤醒列车。

列车唤醒过程涉及信号和车辆两个专业的设备，车载信号设备收到系统发出的唤醒命令后，通过列车线接口控制车辆设备先唤醒。首先车辆控制主机 TCMS 系统启动，然后牵引系统启动，接着制动系统启动，此时车辆设备具备自检能力，开始对照明、空调、通信等设备进行检测，并将状态反馈至控制中心。在车辆完成自检的同时，信号系统也完成车载控制器启动和自检，然后进行发车测试。

发车测试主要是在信号系统控制下，对两侧车门各进行至少一次开/关门作业，接着再对紧急制动接口进行激活/复位测试。由于车载信号设备在列车两端冗余配置，这两种功能测试需要在每一端车载信号设备激活时都执行。

当发车测试成功后，系统通过 ATS 自动分配车场进路，将列车从停车列检库调至转换轨，然后根据后续运营需要选择相应的出库进路，列车自动运行至第一个载客站台。系统根据运行计划，为列车自动分配运行交路，然后列车开始正线运营。

3.4.1.2　自动正线运营

列车正线运营主要包括区间相关作业和车站相关作业。

（1）区间相关作业主要是从列车离开站台开始，到停在下一站台过程中的自动功能。

当无人驾驶列车在区间运行时，系统主要通过运行等级控制列车运行的速度和时间。运行等级由 ATS 发送给车载信号设备，当列车对准站台时接受新的运行等级，在车载数据库中选择相应的 ATO 速度曲线作为计算下一区间命令速度的基准。ATO 速度曲线一般有 5 种：加速、正常、中间 1、中间 2、节能。加速等级的区间运行时间最短，正常等级是默认速度曲线，节能等级的区间运行时间最长。ATO 速度曲线是离线计算的，从加速至节能，每条速度曲线对应的区间运行时间依次增加 3% 左右。

无人驾驶列车的惰行控制是根据预先设定的参数进行实时控制的。当列车实际速度超过 35 km/h 且列车所在轨道平均坡度在 ±20‰ 以内时，车载信号设备允许列车进入惰行状态。在惰行状态被允许时，如果当前速度曲线限速减去实际速度的差值小于等于 0.5 km/h 时，列车开始惰行，即不再施加牵引和制动；当列车惰行时，如果实际速度与当前速度曲线限速的差值大于 0.5 km/h，列车结束惰行，并开始施加制动；当列车惰行时，如果当前速度曲线限速减去实际速度的差值大于惰行结束限值，列车结束惰行，并开始施加牵引。不同的运行等级对应不同的惰行结束限值，加速等级没有惰行，节能等级的惰行结束限值最大（一般取 20 km/h），因此惰行时间也最长。

当钢轨黏着细数大幅下降时，如：暴雨暴雪天气，ATS 调度员通过设置湿轨命令，向车载信号设备发送加速率/制动率降低系数，减小列车运行时的加速度或减速度，从而减少列车打滑次数，有效提高列车测速测距的准确性。车载信号设备在列车静止时即可接受该系数，这意味着在区间停车后，列车就能改变加速率/制动率。

无人驾驶列车在线路终端自动进行折返。当列车到达终端站台时，在乘客上下车结束后，系统自动办理进入折返线的进路，列车自动发车至折返线虚拟站台停车对准，然后进行换端作业，即切换激活的车头。当另一端车头激活后，系统继续自动分配离开折返线的进路，列车自动发车至另一侧的终端站台停车对准，整个折返过程结束。

（2）车站相关作业主要是指列车在站台停车时的作业，以及与站台相关的作业，包括目的地管理、车门开关、发车授权等。

车载信号设备使用的目的地有 3 个来源：ATS、轨旁信号设备和车载信号设备数据库。ATS 根据时刻表或运行交路向列车发送目的地（下一站）和终端站；轨旁信号设备根据 ATS 命令办理移动授权，并发送给列车，其中包括目的地信息；车载的静态线路数据库中也有站台信息，车载信号设备会根据运行指示搜索目的地。

无人驾驶车载信号设备支持自动开/关车门和站台门。对于双侧站台的工况，最理想的情况是：系统允许 ATS 调度员根据客流情况进行开门方式的设置，包括单开左侧、单开右侧、先左后右、先右后左、同时开两侧。如果按这种方式实现，车载信号设备需要分别采集左右侧车门状态，这与传统的左右侧车门串联采集是不同的。

列车停站结束，无人驾驶列车的发车需要车载信号设备予以授权，考虑的安全条件有：列车静止、车门关闭且锁闭、车门使能禁止、站台门状态正常或旁路、允许速度非零、紧急制动未施加；非安全条件有：停站时间结束、无扣车命令、目标距离非零。

3.4.1.3 自动入库

无人驾驶列车自动入库过程与出库过程恰好相反。系统根据运行计划，把需要入库的列车扣停在终端站台，操作员广播清客，然后根据车辆管理计划指定后续作业——停车、洗车、维修，接着系统自动调车至转换轨停准。

停车作业。系统从转换轨自动调车至停车列检库，列车静止停准后，系统自动下发休眠命令，车辆的照明、空调、通信、制动、牵引、控制主机 TCMS 依次关机，然后信号的车载控制器关机，只留休眠监控单元继续工作，随时接收唤醒命令。有些无人驾驶信号系统，在车辆休眠后，车载控制器不断电，整机继续工作。

洗车作业。系统从转换轨自动调车至洗车库，列车静止停准后，与洗车机进行控制交互，然后开始自动洗车。洗车一般需要 20 min 左右，完成洗车后，需要操作员人工调离洗车库。

维修作业。系统从转换轨自动调车至维修库外接车站台，列车静止停准后，维修人员登乘接车，切换到人工模式，驾驶列车继续运行至维修库。

3.4.2 无人驾驶故障处理场景

3.4.2.1 信号系统故障

常见信号系统故障主要有停车按钮激活、站台门故障、列车定位丢失、列车门故障等。

停车按钮有两种：站台紧急停车按钮和全系统停车按钮。当站台区域有紧急情况时，如火灾、夹人，工作人员或乘客需要激活站台紧急停车按钮，系统会在站台区域自动下发零速限制，防止站内列车发车和站外列车进入。当全线列车出现大面积拥堵时，工作人员需要激活全系统停车按钮，系统向全线所有列车下发全常用制动命令。

站台门故障：当列车运行时，如果站台门关闭且锁闭状态非预期丢失，车载 ATP/ATO 会触发常用制动；在列车停下静止后，如果站台门关闭或锁闭状态依然为打开或解锁状态，车载 ATP/ATO 会触发紧急制动，当站台门故障解除后，操作员通过 ATS 远程即可复位紧急制动。

列车定位丢失：当列车运行时，如果列车定位丢失，系统自动触发紧急制动，并自动创建保护区域，然后由维修人员进行处理。故障恢复后，在人工模式下驾驶列车通过两个连续的定位应答器，建立位置后，切换至无人驾驶运营模式。

列车门故障：当列车运行时，如果车门关闭或锁闭状态非预期丢失，车载 ATP/ATO 会触发常用制动；在列车停下静止后，如果列车门关闭或锁闭状态依然为打开或解锁状态，车载 ATP/ATO 会触发紧急制动，操作员需要登乘列车进行故障抢修和紧急制动复位。

3.4.2.2 有人区和无人区

有人区是指线路上有人活动的区域，如：车辆段内的维修库及相关区域。无人区是指线路上无人活动的区域，如：正线运营线路。

无人驾驶系统需要严格控制有人区和无人区之间的列车运行。下面以车辆段内的维修库进出作业为例进行描述，如图 3.12 所示。

当从无人区向有人区调车时，无人列车先要被调至维修人员登乘站台。操作人员从该站台上车，通知中心调度员设置从该站台开始的手动恢复进路，手动恢复进路的起点包括维修人员登乘站台。在无人列车上的操作人员把列车从无人驾驶模式切换至纯人工模式，手动驾驶列车至维修线 1~5。当列车停稳，列车上的操作人员与中心调度员确认后，中心调度人员解锁相应的人工恢复进路，以方便后续无人驾驶列车在站台停靠。

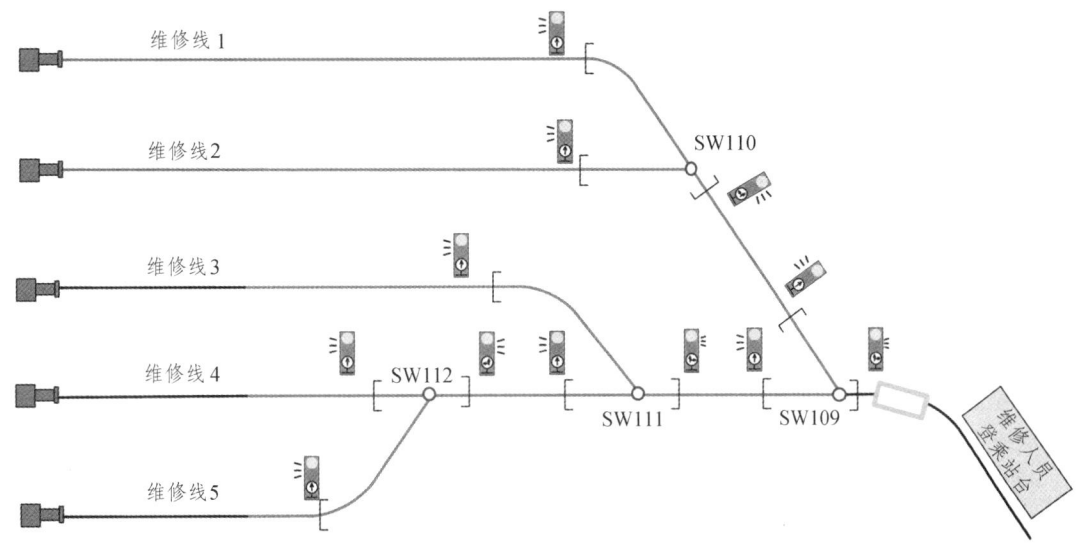

图 3.12 车辆段维修库进出示意图

当列车从有人区向无人区调车时，中心调度员人员需要排列从维修线 1~5 至维修人员登乘站台的手动恢复进路，司机手动操作列车通过信标对列车进行初始化。当列车停在维修人员登乘站台后，车上操作人员与控制中心确认列车初始化成功并切换列车运行模式至无人驾驶模式。司机下车并通知中心调度员，中心调度员给列车分配进路。

当列车在有人区进行折返作业时，须中心调度员对所经过的区域通过人工恢复进路进行防护，直至调车完成后方可对作业中设置的人工恢复进路解锁。

3.4.2.3 通信系统故障

无人驾驶系统中，通信系统的可靠性变得尤为重要，包括车站视频监控 CCTV、车站广播 PA、车站信息显示 PIS，以及车载视频监控 CCTV、车载广播、车载无线对讲等。

车站视频监控与信号系统有联动。当站台紧急停车按钮激活时，车站 CCTV 自动切换至激活的紧急停车按钮附近画面，便于控制中心操作员及时查看现场情况。

由于车站的工作人员减少甚至没有，车站广播 PA 和车站信息显示 PIS 出现故障时，需要立即修复，否则，一旦在设备故障期间发生紧急状况，控制中心工作人员就无法通知站台乘客进行疏散。

同样，车载视频监控、车载广播、车载无线对讲出现故障时，列车需要立即进行清客维修，否则，一旦在设备故障期间发生紧急状况，控制中心工作人员就无法通过通知对列车上的乘客进行救援或疏散。

3.4.2.4 救援和疏散

自动救援，当列车发生故障停在区间无法移动时，系统优先考虑自动救援，即中央调度员派遣一列载有维修人员的正常列车，该列车须使用人工 ATP 模式，在操作员人工驾驶下接近故障列车，并在车上目视监控车钩连挂的全过程，然后在中央调度员设置人工恢复进路后，在全人工模式下驾驶列车至安全区域。

区间疏散，在列车发生故障停在区间无法移动并且系统也无法派遣救援列车的情况下，维修人员需要步行上车，配合中央调度员，在区间疏散列车上的乘客。这种情况下，中央调度员首先防护故障列车所在上下行区间，然后通过 ATS 远程解锁车门，使用车载广播引导乘客拉开车门，全程利用车载视频监控观察车内形势，待乘客跨到紧急疏散平台后，预先到位的维修人员引导乘客向正确方向疏散。

3.4.3 无人驾驶特殊功能和接口

无人驾驶信号系统的运营模式要求各专业须紧密配合，能够自动应对各类极端环境灾害，这些设备都会连接到信号系统，根据灾害发生概率和后果严重程度，信号系统可以在相应区域自动或人工触发限速。

气象站接口是无人驾驶系统的特有接口，通过专业气象设备，每条线路的信号系统可以独立收集当地气象信息，包括温度、湿度、降雨量，以及 2 min 的平均风速和风向。当风速超过 110 km/h 时，信号系统应在人工判断信息无误后实施降速乃至停运措施。

地震仪位于信号设备室内，能对地震活动进行监测并将监测信息发送至中控，在地震期间地表活动超过特定极限，中控会发出报警信息，ATS 系统会停运系统中所有列车。

在道岔机械结构安装时，同时也会在基坑中设置道岔浸水传感器，与室内信号设备通过两根硬线相连。当道岔基坑排水不畅导致水位上升时，该传感器内部节点闭合，经过轨旁 ATP/ATO 把报警传至中央 ATS。

  站台门接口包括安全通道和非安全通道。安全通道采用硬接线方式，信号向站台门发送开关门命令和门使能命令，并从站台门接收门关闭且锁闭状态和旁路状态。非安全通道采用 RS-485 串口通信，信号向站台门发送对位隔离信息，即当单扇车门不能打开时，对应的站台门也不需要打开。站台门向信号发送每扇站台门的关闭且锁闭状态、是否开关门受阻、是否故障、切除状态、人工模式等信息，以及每类站台门设备的隔离状态，包括滑动门、紧急门、端门和红外检测。

  车辆接口，除牵引使能、紧急制动、车门使能、车门打开、模式开关等传统列车线外，无人驾驶列车还有很多特别的车辆接口功能。

  （1）休眠列车线用于控制列车休眠和唤醒，当运营结束后，列车回到停车列检库，能自动或人工休眠，而运营开始前，则能远程自动或人工唤醒；当列车休眠时，车辆牵引、制动、照明、空调等设备断电，车载信号设备不断电，这样再投入运营时不需要重新建立位置。

  （2）轨旁制动器探测列车线是环绕到车体外部的检测线，当列车运行碰到轨旁制动器时，该线缆会被剪断，从而触发列车紧急制动。轨旁制动器分固定式和活动式，前者设置在线路尽头，用于防护列车高速撞向车挡；后者设置在出入段线咽喉区域，用于防止车辆段内人工驾驶列车冲入运营正线。

  （3）编组指示器每节车厢设置一套，包括频率生成器和频率修正器，不同车厢的频率生成器产生不同频率的信号，不同车厢的频率修正器串联，车载信号设备根据收到的频率判定列车编组长度。

4 信号系统中的运营性能

4.1 牵引计算原理

对城市轨道交通列车运行过程的特征研究,是分析列车信号系统下的运行性能研究的基础。因此,本章节以牵引计算理论为基础,对列车在运行过程中所受到的各种力和计算方法进行介绍。

因为城市轨道交通的列车编组一般是 4~8 辆,而且每列车在出厂时,已经按照预定的编组进行组装交付使用了。在运行过程中,列车的编组一般不再发生变化。所以,可以假定整个列车是一个质量集中的质点,通过对该质点的受力分析来研究列车的运动规律,如图 4.1 所示。

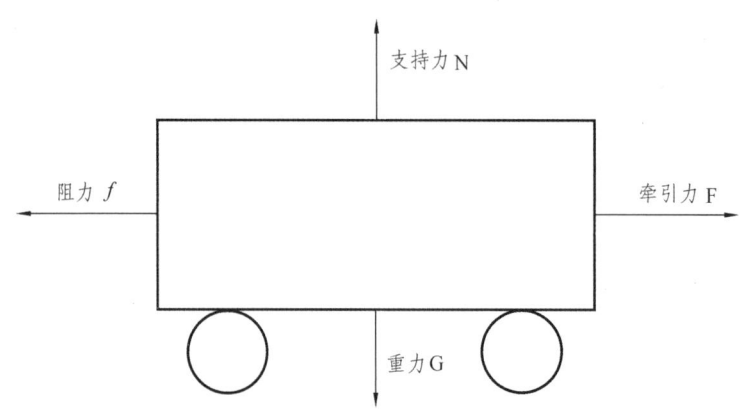

图 4.1 列车在运行过程中的受力情况

列车受到的外力全部作用在质点上,主要受到以下几种力:
(1)牵引力。
(2)基本阻力。
(3)由于曲线、坡道、隧道等产生的附加阻力。
(4)制动力。
(5)列车重力。
(6)线路对列车的支持力。

在城市轨道交通列车牵引计算中，前四种力是影响列车运行的基本力，他们矢量相叠加而产生的合力，是推动列车运行状态不断变化的源泉。列车的部分重力构成了坡道的附加阻力，另一部分则通过轮轨之间的形变转化成列车的基本阻力，而线路的支持力则与列车重力以及列车在运行过程中的竖向冲击力构成一对平衡力，使得列车在竖直方向上存在很小的振动。但是，研究列车运行过程，主要是研究列车在水平方向上的运行规律，所以可以忽略列车在竖直方向上的受力情况。

4.1.1 牵引力的计算方法

列车牵引力是由列车中的动车产生的是列车前进的动力。列车牵引力的大小不但取决于动车的功率、机械传动效率，还取决于列车的运行速度、列车的运行工况以及列车动轮与轨道之间的摩擦系数等因素。

牵引计算中，牵引力的取值一般来自于列车的牵引特性数据。根据当前的速度，可以计算得到当前列车的牵引力数值，牵引力与速度的关系可用式（4.1）表示：

$$F_{qy} = f(v) \tag{4.1}$$

式中　F_{qy}——当前列车的牵引力；
　　　v——当前列车的速度。

列车的牵引特性曲线是由车辆生产厂商提供的，有的以单电机特性曲线的形式给出，有的以牵引单元的形式给出，不同于城际铁路机车的牵引特性曲线，如图4.2、4.3、4.4所示，分别表示上海轨道交通2号线8节编组的Alstom车辆在空载、定员、满载三种情况下的牵引特性曲线（图中的实线）。

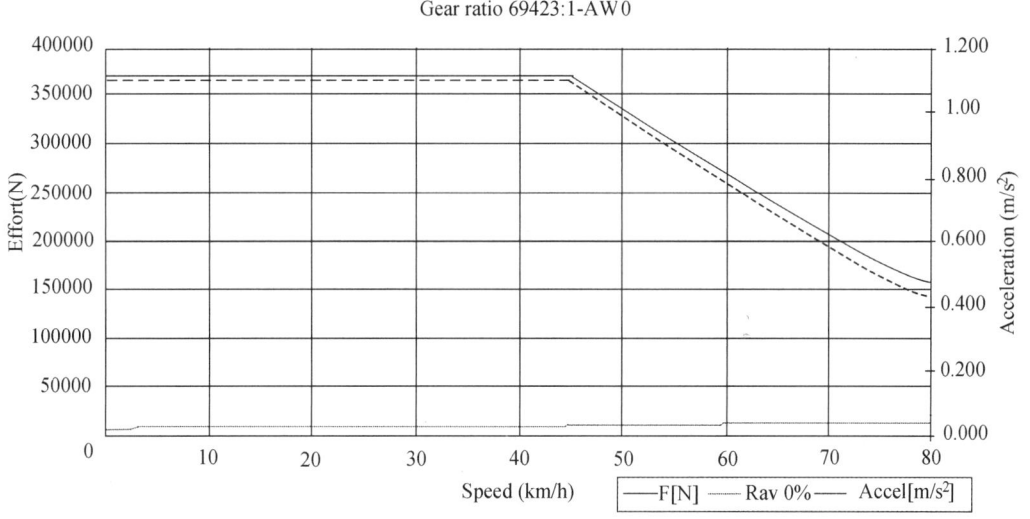

图 4.2　上海轨道交通2号线列车空载时的牵引特性曲线

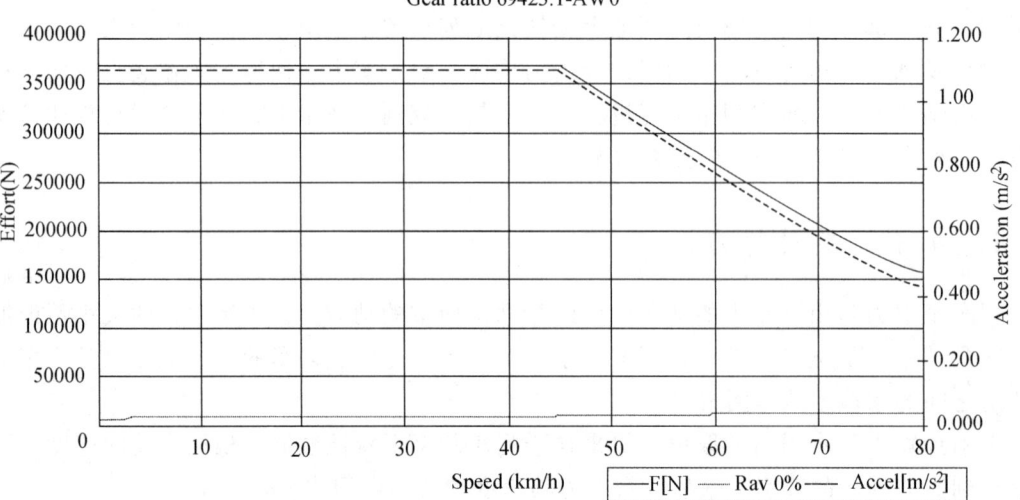

图 4.3 上海轨道交通 2 号线列车定员时的牵引特性曲线

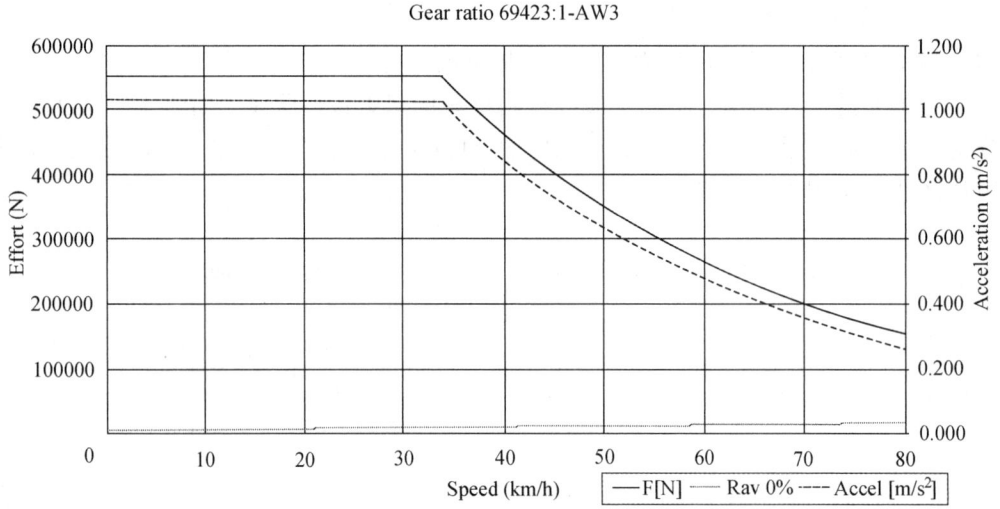

图 4.4 上海轨道交通 2 号线列车满载时的牵引特性曲线

假设点 (v_1, w_1) 和点 (v_2, w_2) 是牵引特性曲线上已知的两点，点 (v_x, w_x) 是在两点之间，速度 v_x 已知，求牵引力大小 w_x。这里采用线性插值法来求解该速度下的牵引力大小，如公式（4.2）所示：

$$w_x = w_1 + \frac{(w_2 - w_1) \times (v_x - v_1)}{v_2 - v_1} \quad (4.2)$$

单位重量的牵引力大小为：

$$w_x' = \frac{w_x \times 1\,000}{Mg}$$

式中　Mg——列车的质量（kN）；
　　　M——列车质量（kg）g 取 9.8N/kg；
　　　w'_x——单位重量的列车牵引力（N/kN）。

4.1.2　列车基本阻力的计算方法

列车运行过程中，由于机械摩擦、空气摩擦等因素的作用，产生的固有阻力称为列车的基本阻力。基本阻力中有些因素是不能通过定量的公式来计算的。因此，一般通过大量的试验确定针对不同车型和编组的经验公式来近似表达列车的基本阻力。根据《牵引计算规范》，列车基本阻力的计算公式是：

$$w_0 = a + bv + cv^2 \qquad (4.3)$$

式中，a、b、c 为与车辆有关的经验常数。

《牵引计算规范》只给出了普通列车的基本阻力计算公式，并无适合城市轨道交通列车的运行阻力计算公式。这就要根据计算需要，针对不同的动车和列车编组，从特定厂商那查定这些数据参数。

例如，广州地铁 B 型车的基本阻力计算公式为：

$$w_0 = 2.4 + 0.014v + 0.001\,293v^2 \qquad (4.4)$$

4.1.3　附加阻力的计算方法

附加阻力是由于线路平纵断面变化或者隧道以及其他原因产生的，分为坡道附加阻力、曲线附加阻力以及隧道附加阻力。

坡道附加阻力的产生是由于列车在坡道上运行时，其重力在沿下坡道方向上的分力引起的。根据《牵引计算规范》规定，采用坡度千分数来近似表示计算坡道的单位附加阻力：

$$w_i = \frac{W_i}{Mg} * 1\,000 = 1\,000 \sin\theta \approx 1\,000 \tan\theta = i \qquad (4.5)$$

曲线附加阻力的产生，是因为列车在曲线上运行时，部分车轮轮缘接触钢轨产生摩擦，部分车轮在转动的同时，伴随着纵向和横向的摩擦，以及转向架心盘和旁承的摩擦都要加剧，于是产生了曲线附加阻力。曲线附加阻力的大小和曲线半径、列车速度、曲线外轨超高以及轨距加宽等许多因素有关，很难用理论的方法推导出公式。所以，一般采用经验公式来计算，如下所示：

$$w_r = \frac{A}{R} \qquad (4.6)$$

式中　A——经验常数，根据《牵引计算规范》规定，我国标准轨距的曲线附加单位阻力的计算采用的 A 取 600；

R——曲线半径。

隧道附加阻力主要是指隧道中的空气不流通而产生的阻力。隧道空气附加阻力的大小与隧道长度、隧道截面积、列车截面积以及列车外形有关。隧道越长，隧道附加阻力就越大，列车越长，速度越高，隧道附加阻力也越大。当前，理论上计算隧道附加阻力尚不成熟，通常采用经验公式或者试验常数来代替，如式（4.7）所示：

$$w_s = 0.00013 L_s \tag{4.7}$$

式中 L_s——隧道长度（m）。

因此，一般情况下，附加阻力的计算公式如下所示：

$$w_{fz} = w_i + w_r + w_s \tag{4.8}$$

式中 w_{fz}——单位附加阻力（N/kN）。

4.1.4 制动力的计算方法

制动力是控制列车运行的人为施加的阻力，通常由列车上安装的制动装置产生。制动力的大小与列车运行速度、制动方式等因素有关。一般来讲，列车确定以后，制动力的计算仅与当前速度有关，即

$$F_{zd} = g(v) \tag{4.9}$$

目前，城市轨道交通中的制动方式普遍采用的是电空混合制动形式，其制动特性在低速时，由于空气制动的补偿，显著改善了电制动的特性。更确切地说，是电空混合制动特性弥补了单一电制动特性的不足。一般来讲，电空混合制动特性曲线如图4.5中的红线所示。

由于空气制动力的补偿作用，使得轨道交通列车的制动能力在停站制动初速（5~12 km/h）以后，可以在很长一段速度范围内保持稳定，速度超过一定值以后，电制动受到制动电流的限制而呈现线性下降趋势。

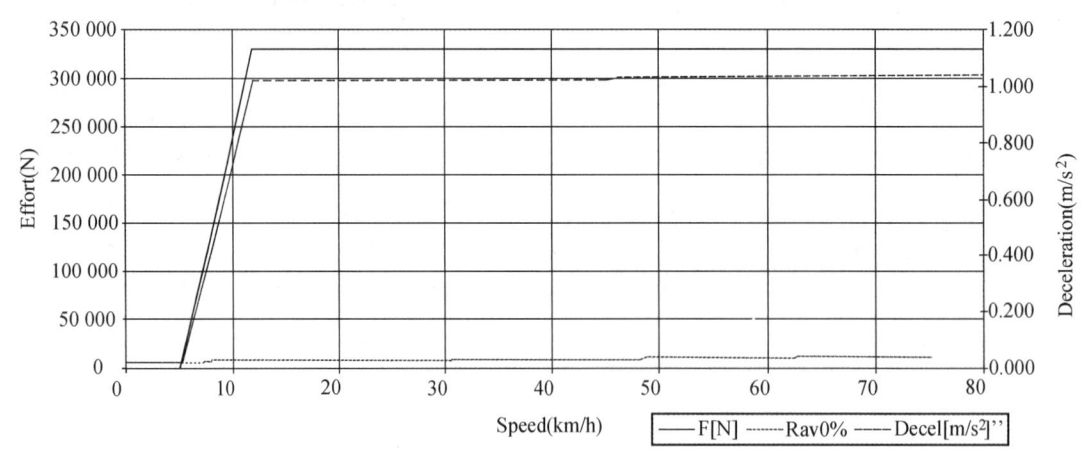

图4.5 上海城市轨道交通2号线列车制动特性曲线

但是，在实际的列车运行过程仿真中，一般制动采用电阻制动方式，根据电阻制动特

性曲线或者电空制动混合特性曲线,采用和计算列车牵引力相同的方法——利用线性插值法来计算任意速度的制动力。

4.1.5 牵引计算的整个计算过程

4.1.5.1 列车运行策略

列车运行策略是指列车在一定的牵引计算基础上,根据计算的实际需要,对列车在运行过程中的操纵方法进行假定而建立的自动化运行控制目的。本章节提出并设计了两种城市轨道交通列车运行控制策略。

1. 最快速策略

最快速策略是指列车以最少的运行时间完成运行任务,这就要求列车尽可能地发挥它的牵引性能和制动性能。在这种策略下,列车运行的策略是尽可能高速度或者节约时间。因此,列车在牵引时,尽可能采用最大的牵引力,制动时采用最大制动力,达到限速时,以匀速运行,如图 4.6 所示。

图 4.6 最快速策略下的列车运行过程速度-距离趋势图

这一列车运行策略基本满足了牵引计算的要求,一般用来计算区间运行时分,绘制速度-距离曲线图等。

2. 经济策略

经济策略是指采用节能的方法运行。从理论上讲,列车的惰行时间越长,列车运行所需要的能量越低。但是,在实际过程中,考虑到运营对运行速度和时间的考虑,列车不可能长时间的惰行。所以,本节提出的比较便于实际操作可行的节能方案是:列车加速运行到最大速度时,开始惰行到某个较小的速度,然后列车再开始加速运行,这样循环下去直至进站停车,如图 4.7 所示。

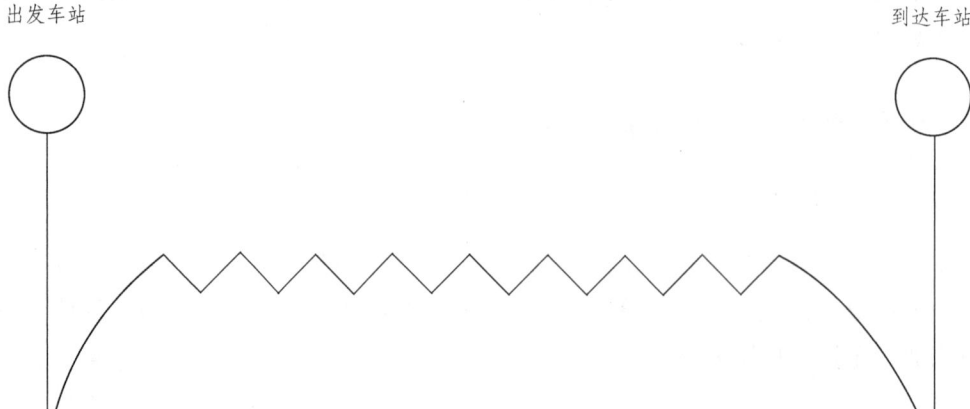

图 4.7 经济策略下的列车运行过程速度-距离趋势图

4.1.5.2 列车运行过程模型的建立

1. 列车运行过程中的各种工况计算分析

一般来讲，列车运行工况主要有以下几种：
（1）起动工况。
（2）牵引工况。
（3）惰行工况。
（4）制动工况。
（5）匀速工况。

因为城市轨道交通系统中的列车起动比较频繁，所以对起动工况进行单独计算（V≤2.5 km/h），并将这一速度内的列车运行阻力视为是不变的。

若起动工况下的单位阻力是 $w_{qz} = e$（e 是起动阻力经验常数），则起动过程的单位合理计算如下公式：

$$c = w_{qy} - w_{qz} = w_{qy} - e \quad (v \leqslant 2.5 \text{ km/h}) \tag{4.10}$$

$$a = \frac{C}{M} = \frac{cMg}{M(1+\gamma)} = \frac{cg}{1\,000(1+\gamma)} \tag{4.11}$$

式中，C——列车受到的合力（N），λ——回转质量系数（一般取 0.06），M——列车总质量（t）。

因此，列车在起动工况时的速度-距离计算公式为：

$$\begin{cases} S_{i+1} = S_i + v_i * \Delta t + \dfrac{a_i * \Delta t^2}{2} \\ v_{i+1} = v_i + a_i * \Delta t \end{cases} \tag{4.12}$$

式中　S_i——列车在 i 步长时的位移大小；
　　　V_i——列车在 i 步长时的速度；
　　　Δt——时间步长。

同理，列车在加速工况下，受到的合力大小为：

$$c = w_{qy} - w_{jz} - w_{fz} = w_{qy} - (a + bv + cv^2) - (w_i + w_r + w_s) \quad (4.13)$$

按照公式（4.12）的方法，就可以得到列车的速度和位移大小。

在匀速工况下，列车受到的合力大小为零，所以 $c = 0$。这里的匀速状态，是一种理想的状态，在实际的列车运行过程中是很难做到完全"匀速"的状态。特别是当线路的条件比较复杂，大多数列车的运行速度-距离曲线是上下波动的。但是，对于比较平直的线路而言，在计算机仿真中，可以采用匀速的工况。所以，按照公式（4.13）同样可以得到列车的速度和位移大小。

在惰行工况下，列车受到的合力大小为：

$$c = -w_{jz} - w_{fz} = -(a + bv + cv^2) - (w_i + w_r + w_s) \quad (4.14)$$

按照公式（4.12），就可以得到列车的速度和位移大小。

在制动工况下，列车受到的合力大小为：

$$c = -w_{zd} - w_{jz} - w_{fz} = w_{zd} - (a + bv + cv^2) - (w_i + w_r + w_s) \quad (4.15)$$

利用公式（4.12）就可以得到列车的速度和位移大小。

2. 最快速策略下的列车运行过程数学模型

根据以上分析，在建立最快速策略下的列车运行过程数学模型时，必须进行如下的假设：

（1）假设城市轨道交通列车是一个质量集中的质点，通过该质点的受力分析，得到列车的运动规律。

（2）在足够下的 Δt 时间步长内，假设列车的运动状态是匀变速运动的状态。

因此，在以上假设条件下，整个列车的运行过程可以看成是有限个 Δt 的牵引计算过程的合过程。所以，本书建立了如下的数学模型：

目标函数 $\min \sum_{i=1}^{n} \Delta t$

约束条件
$$\begin{cases} V_i \leq V_{限速}(S_i) \\ \Delta t = t_{i+1} - t_i \\ S_{i+1} = S_i + V_i \Delta t + \dfrac{a_{i+1}(\Delta t)^2}{2} \\ V_{i+1} = V_i + a_{i+1} \Delta t \\ a_{i+1} = \dfrac{c_i g}{1\,000(1 + \gamma)} \\ V_n = V_1 = 0 \end{cases}$$

式中，Δt 表示步长时间（s）；

V_i 表示列车经过 i 个步长后的速度大小（m/s）；

$V_{限速}(S_i)$ 表示列车在位移 S_i 时的限速大小（m/s）；

S_i 表示列车经过 i 个步长后的位移大小（m）；

c_i 表示列车在各种工况下的单位合力大小（N/kN）；

g 表示重力常数，一般取 9.8 m/s²；λ 是回转质量系数（一般取 0.06）；

n 表示列车完成运行任务需要的步长数量。

3. 最快速策略下的列车运行过程数学模型算法

由于上述模型无法通过数学公式推导的方法来求解，因此，本节采用计算机仿真的方法来求解该模型。整体的算法如图 4.8 所示。

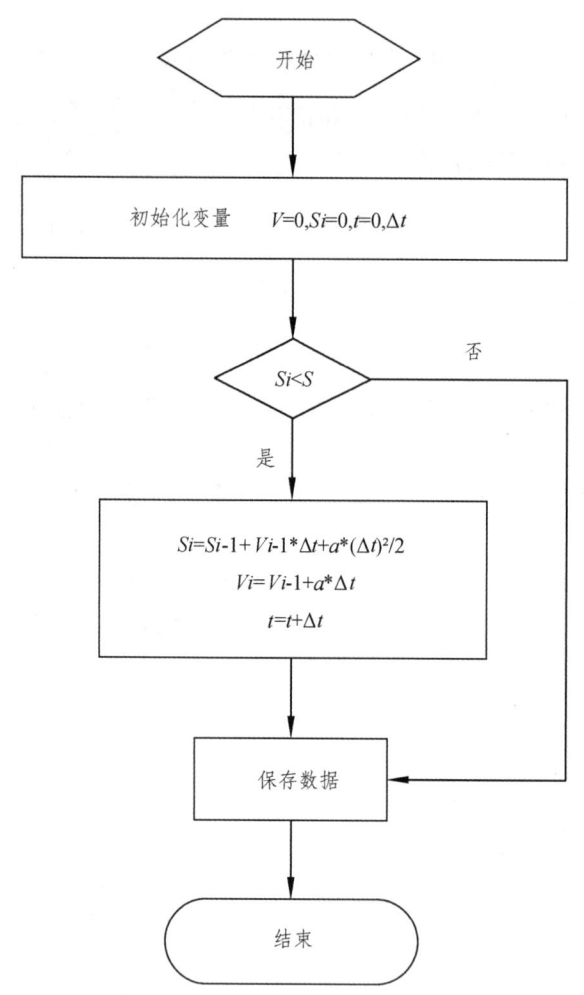

图 4.8　最快速策略下的列车运行过程仿真算法框架

为了保证 $V_i \leqslant v_{限速}(S_i)$，即城市轨道交通列车在线路曲线、列车等条件的限制下，列车运行速度小于等于限制速度。在进行仿真运算之前，需要先对基础数据进行处理，将整个运行区间内分成若干个限制速度不同的分段。同时，还需要保证列车从一个限制分段过渡到相邻的限速分段时,满足相邻分段的限制速度要求。因此,本节设计了如下的基础数据处理方法,如图4.9所示。

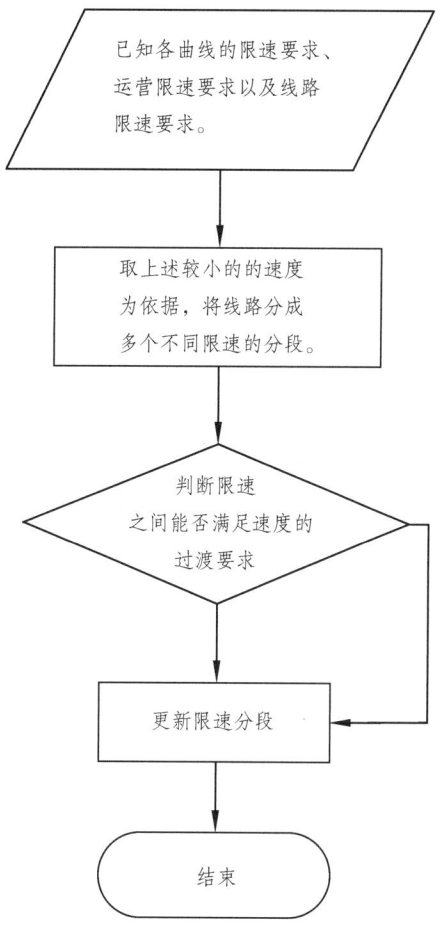

图 4.9　基础数据处理方法

同时,为了保证城市轨道交通列车的准确停车,必须要满足列车到达车站的时候速度为零,如图4.10所示。

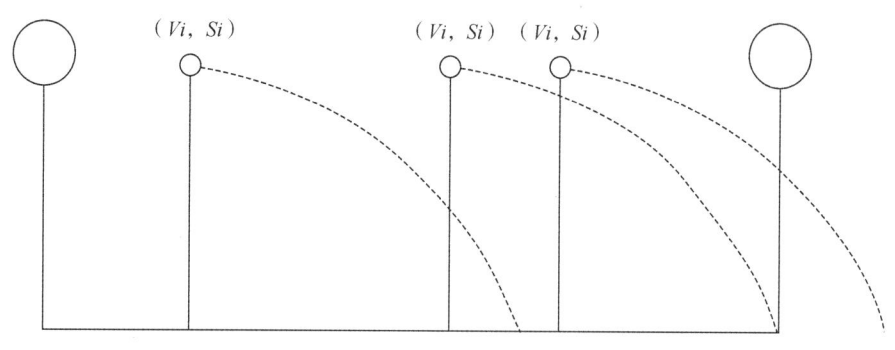

图 4.10　列车停站示意图

同时，在仿真过程中，还需要判断列车在任意状态（V_i，S_i）能否满足列车到站时速度为零的要求。所以，本文设计了如图 4.11 的算法。

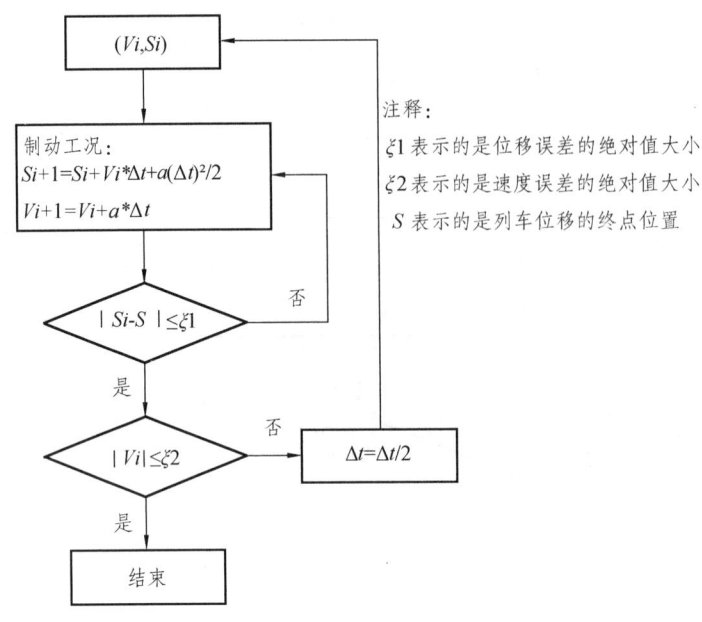

注释：
ζ_1 表示的是位移误差的绝对值大小
ζ_2 表示的是速度误差的绝对值大小
S 表示列车位移的终点位置

图 4.11 列车准确停站的判断算法

综上所述，以最快速为目标的单列车运行过程仿真模型的算法描述如下：

（1）取得线路平纵断面、列车牵引特性、列车制动力等基础数据。

（2）根据运营的限速要求和线路曲线对速度的限制要求，将列车的运行过程分成若干个限速分段，并且判断限速分段之间能否满足列车的合理过渡，即列车从限速为 V_i 的分段向限速为 V_j 的分段时，能否满足列车的制动能力。

（3）初始化列车的速度、位移、时间等相关参数。

（4）计算在列车起动过程中，每一个步长时间内的列车速度值、时间值以及位移值，并将数据保存。

（5）判断列车在下一个步长内，如果采取牵引工况的话，能否满足列车制动准确停站的要求，如果满足条件，则计算列车在下一个步长内牵引工况下的列车速度值、时间值以及位移值，并将数据保存。反之，则转步骤（6）。

（6）判断列车在下一个步长内，如果采取匀速工况的话，能否满足列车制动准确停站的要求，如果满足条件，则计算列车在下一个步长内匀速工况下的列车速度值、时间值以及位移值，并将数据保存。反之，则转步骤（7）。

（7）计算列车在下一个步长内制动工况下的列车速度值、时间值以及位移值，并将数据保存。

（8）判断列车是否到达终点，如果是，则转步骤（9）。反之，则转步骤（5）。

（9）将每个步长内计算得到的列车运行数据在图上表示出来，并用短直线连接，形成牵引曲线 v-s 和 v-t 图。

4. 经济策略下的列车运行过程仿真数学模型及算法

同样的，经济策略下的列车运行过程仿真数学模型也必须以最快速策略模型的假设为前提。而且，由于经济策略需要考虑惰行的因素，相比最快速策略而言，还需要增加约束条件来满足仿真模型的目的要求。

因为列车到达运营最大速度 $V_{\max}$ 时，为了节能，列车需要惰性，到达某一速度 V_p 时，为了保持运营效率，列车又要开始加速。循环这样的过程，直到列车进站停车。

所以，本文建立了如下的经济策略下的列车运行过程仿真数学模型：

目标函数　　$\min \sum_{i=1}^{n} \Delta t$

约束条件　　$\begin{cases} V_i \leq V_{限速}(S_i) \\ \Delta t = t_{i+1} - t_i \\ S_{i+1} = S_i + V_i \Delta t + \dfrac{a_{i+1}(\Delta t)^2}{2} \\ V_{i+1} = V_i + a_{i+1} \Delta t \\ a_{i+1} = \begin{cases} \dfrac{c_i g}{1\,000(1+\gamma)} (其他) \\ \dfrac{c_i' g}{1\,000(1+\gamma)} (V_i = V_{\max} 时) \end{cases} \\ V_n = V_1 = 0 \end{cases}$

式中，Δt 表示步长时间（s）；

V_i 表示列车经过 i 个步长后的速度大小（m/s）；

$V_{限速}(S_i)$ 表示列车在位移 S_i 时的限速大小（m/s）；

S_i 表示列车经过 i 个步长后的位移大小（m）；

c_i' 表示列车在惰行工况下的单位合力大大小（N/KN）；

c_i 表示列车在其他工况下的单位合力大大小（N/KN）；

g 表示重力常数，一般取 9.8 m/s²；

λ 是回转质量系数（一般取 0.06）；

n 表示列车完成运行任务需要的步长数量。

同理，经济策略下的列车运行过程仿真模型算法和最快速策略下的列车运行过程仿真模型算法很相似，只是经济策略多考虑了一个约束条件而已，因此，本节只描述总体的经济策略列车运行过程仿真模型算法，其他的相关内容可以参考最快速策略下的列车运行过程仿真模型算法。具体的经济策略仿真模型算法如下步骤所示：

（1）取得线路平纵断面、列车牵引特性、列车制动力等基础数据。

（2）根据运营的限速要求和线路曲线对速度的限制要求，将列车的运行过程分成若干个限速分段，并且判断限速分段之间能否满足列车的合理过渡，即列车从限速为 V_i 的分段向限速为 V_j 的分段过度时，能否满足列车的制动能力。

（3）初始化列车的速度、位移、时间等相关参数。

（4）计算在列车起动过程中，每一个步长时间内的列车速度值、时间值以及位移值，并将数据保存。

（5）判断列车的速度是否到达运营的最大速度，如果是，则列车开始惰行；反之，则转步骤（6）。

（6）判断列车在下一个步长内，如果采取牵引工况的话，能否满足列车制动准确停站的要求，如果满足条件，则计算列车在下一个步长内牵引工况下的列车速度值、时间值以及位移值，并将数据保存；反之，则转步骤（7）。

（7）判断列车在下一个步长内，如果采取匀速工况的话，能否满足列车制动准确停站的要求，如果满足条件，则计算列车在下一个步长内匀速工况下的列车速度值、时间值以及位移值，并将数据保存；反之，则转步骤（8）。

（8）计算列车在下一个步长内制动工况下的列车速度值、时间值以及位移值，并将数据保存。

（9）判断列车是否到达终点，如果是，则转步骤（10）；反之，则转步骤（5）。

（10）将每个步长内计算得到的列车运行数据在图上表示出来，并用短直线连接，形成牵引曲线 $v\text{-}s$ 和 $v\text{-}t$ 图。

4.2 基于移动闭塞的列车间隔时间计算

CBTC 系统主要遵循的是移动闭塞的原理。从原理上讲，CBTC 系统与固定闭塞系统一样，也有防护列车运行安全的闭塞分区。但是，其闭塞分区是移动的，是随后续列车和前行列车的实际速度、位置、载重量、制动能力、区间的坡度以及曲线等列车参数和线路参数的变化而改变的，随着列车的运行而移动的。CBTC 系统主要分为以下两种。

1. 不考虑前行列车速度的 CBTC 系统（MB-V_0 方式，相对位置方式）

这种方式下，不考虑前行列车的速度，只考虑其位置，所以又称为相对位置方式，如图 4.12 所示。假设前行列车与后续列车的最小间隔距离为 Δs，两者的速度、减速度以及系统反应时间分别为 v_1，v_2，a_1，a_2，Δt_1，Δt_2，停车安全距离为 ΔL，列车长度为 L，则有

$$\Delta s = \frac{v_1^2}{2a_1} + v_1 * \Delta t_1 + L + \Delta L \tag{4.16}$$

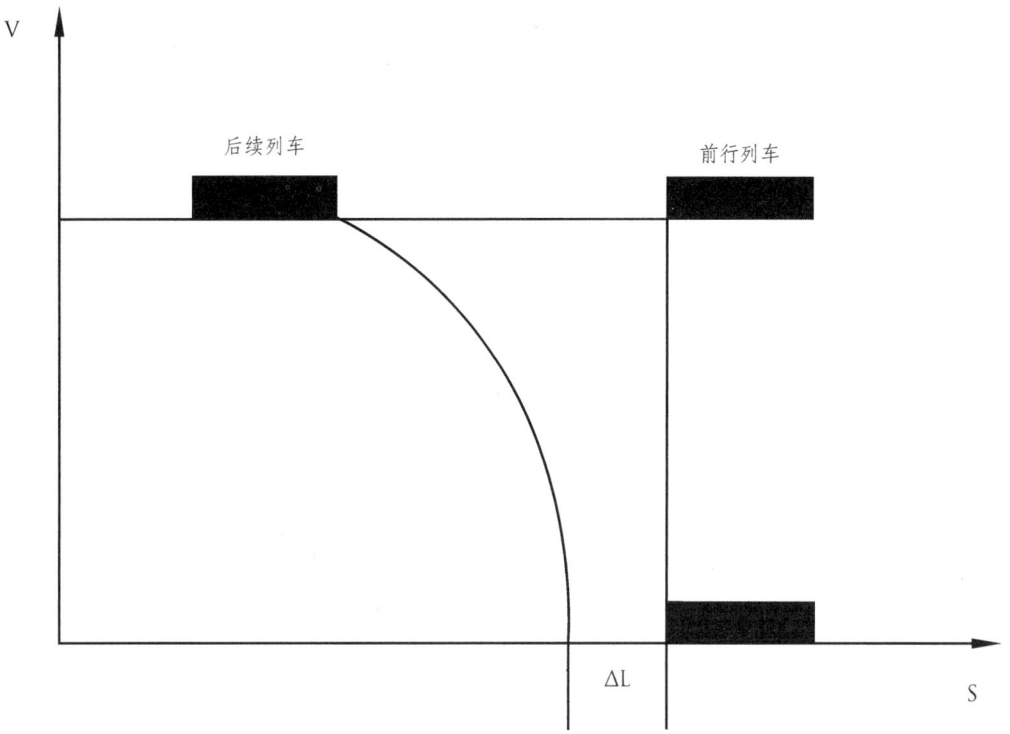

图 4.12　不考虑前行列车速度的列车最小间隔距离

2. 考虑前行列车速度的 CBTC 系统（MB-V 方式、相对速度方式）

这种方式根据前行列车的位置和速度进行间隔控制，简称为 MB-V 方式，又称为相对速度方式。其间隔如图 4.13 所示（图中假设两列车的速度相等，$V_1 = V_2$）。两列车之间的最小间隔距离如下：

$$\Delta s = \left(\frac{v_1^2}{2a_1} + v_1 * \Delta t_1 \right) - \left(\frac{v_2^2}{2a_2} + v_2 * \Delta t_2 \right) + L + \Delta L \tag{4.17}$$

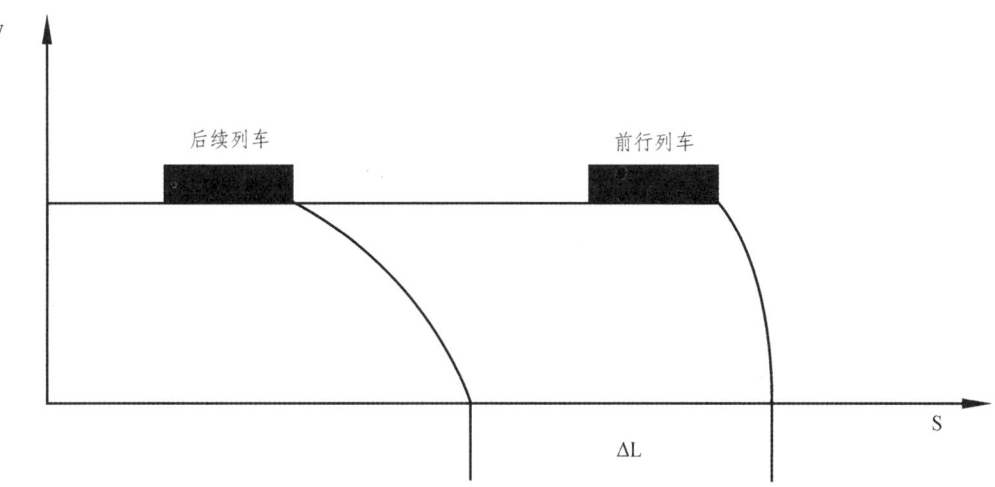

图 4.13　考虑前行列车速度的列车最小间隔距离

对比两种方式，由于相对速度方式考虑了在追踪列车制动过程中前行列车的走行距离，和相对位置方式相比，追踪间隔较短，因此效率较高。但是，相对速度方式的列车间隔距离较短，如果前车发生意外而突然停车，相对速度这样的间隔距离增大行车危险性。因此，目前的 CBTC 系统主要采用相对位置方式。

通过以上分析，可以认识到，CBTC 系统下的前行列车对后续列车的速度限制是一个连续的函数：

$$v_{d,\max} = f(d, v_{i,\text{forward}}) \tag{4.18}$$

式中 $v_{d,\max}$——后续列车的最大速度；

d——两车之间的距离；

$v_{i,\text{forward}}$——前行列车的速度。

前行列车的速度越大，后续列车的限速值也就越大；前后两车之间的距离越大，后续列车的限速值也越大。这样的闭塞方式极大地利用了两车之间的距离和空间资源，使得线路能力可以得到充分的利用。

不难看出，CBTC 系统中的列车速度限制主要取决于两列车之间的距离和速度。从前后列车的速度组合来看，有以下几种情况：

1. 前行列车速度 $v_{\text{forward}} \geqslant$ 后续列车速度 v_{behind}

这种情况下，两列车之间的距离原则上越来越大，理论上前行列车对后续列车无约束。但是，从安全角度来考虑，要保证万一前行列车发生故障（如颠覆等）时，后续列车能及时停车而不至于与前行列车相撞。换言之，当 $v_{\text{forward}} \geqslant v_{\text{behind}}$ 时，列车之间的最小间隔距离为：

$$L_{\text{headway}} = L_{\text{B}}^{\text{common}} + L_{\text{action}} + L_{\text{safe}} + L_{\text{train}} \tag{4.19}$$

式中，L_{headway}——列车之间的最小间隔距离；

L_{action}——紧急情况下，司机采取制动所需要的反应时间内列车的走行距离；

$L_{\text{B}}^{\text{common}}$——后续列车常用制动距离；

L_{safe}——制动停车后，后续列车与前行列车之间的安全距离；

L_{train}——列车长度。

2. 前行列车速度 $v_{\text{forward}} <$ 后续列车速度 v_{behind}

这种情况下，两车之间的距离越来越近。此时，两列车相距越远，后续列车的速度限制就越小。具体的速度限制变化曲线目前还没有统一的模型。尽管如此，在后续列车的前方还是存在一个常用制动曲线，目前大部分的 CBTC 系统均采用这一制动曲线作为后续列车的速度限制依据，即当后续列车在空间上闯入这一曲线时，闭塞设计要求后续列车采用常用制动，以保证行车的安全。

4.3 基于信号系统的折返能力计算

4.3.1 折返能力的定义

折返能力一般指一小时内在线路的某一方向上所通过的最大列车对数,它分为设计能力和可用能力。设计能力相当于最大能力、理论能力或理论最大能力。由于受到外部干扰、驾驶员行为等因素的影响,一般很难实现。可用能力指实际所能达到的能力,可用能力=设计能力×高峰期能力利用系数,大多数系统的高峰期能力利用系数在 0.75~0.9。

无论是理论研究,还是现场实际运营经验,都表明了城市轨道交通的线路通过能力大都受到终端站或者长短交路站的折返能力的限制。折返能力往往成为了城市轨道交通线路通过能力的瓶颈,而其衡量标准则是折返间隔。

值得一提的是,折返间隔和折返时间是不同的。以站后折返方式为例,折返间隔指第一辆列车开始进行折返作业,到第二辆列车开始进行折返作业的最小允许间隔。而折返时间却是列车从到达线经折返线再返到发车线所需的运行时间。折返间隔决定线路的通过能力,折返时间影响列车运行效率,即需要的车底数量。

4.3.2 影响折返能力的因素研究

4.3.2.1 CBTC 下的列车折返过程分析

在城市轨道交通中,列车的折返方式,主要是站前折返和站后折返两类折返模式。具体的折返示意图,如图 4.14 所示。

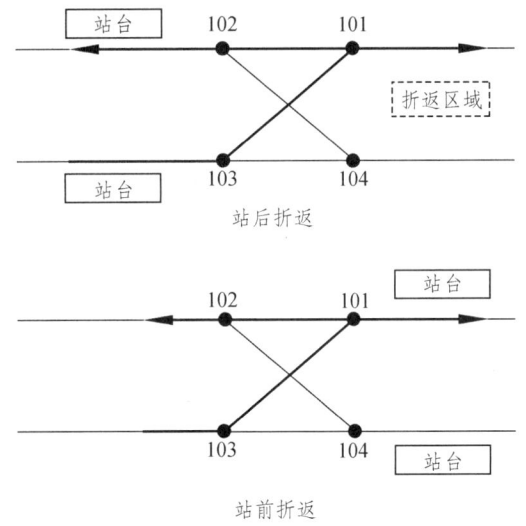

图 4.14 常见的两类折返方式示意图

列车的折返过程主要经历如下 3 个阶段:

(1) 如果是站后折返,则是列车进入折返区域,出清道岔 101 的阶段;如果是站前折返,则是列车进入折返站台,出清道岔 101 的阶段。

（2）列车在折返区域切换司机室。

（3）如果是站后折返，则是列车离开折返区域，出清道岔 103，进入上客站台的阶段；如果是站前折返，则是列车离开站台，出清道岔 103 的阶段。

因此，根据列车折返能力的涵义，折返能力是指折返站台在单位时间内的通过的最大列车数量。因此，只要能分析清楚前后连续列车之间的最小折返间隔时间，也就能通过如下面公式计算得到折返站的折返能力。

$$N_{折返能力} = \left[\frac{3\,600\ (s)}{T_{折返间隔时间}} \right] \quad (4.20)$$

其中，[ ]表示取整。

4.3.3 影响因素分析

根据对列车折返过程的阶段分析，可以得到，计算列车的最小折返间隔时间，主要考虑以下 3 个方面的因素：前后列车到达折返站台的间隔时间；列车折返运行各阶段所需要的时间；信号系统的反应时间，主要包括停站时间、道岔的转动时间以及司机切换驾驶室的时间等因素。

1. 分条说明

前后列车到达间隔时间（$T_{前后车进站间隔时间}$）分析

前后列车到达折返站台的间隔，主要受到信号系统的影响比较大。以 CBTC 系统为例，根据 IEEE 1474.1 的标准，前后列车之间的安全间隔主要根据列车的安全制动距离来保证的，如图 4.15 所示，前后列车之间的安全间隔距离必须要大于 $D_{minimum\ distance}$。

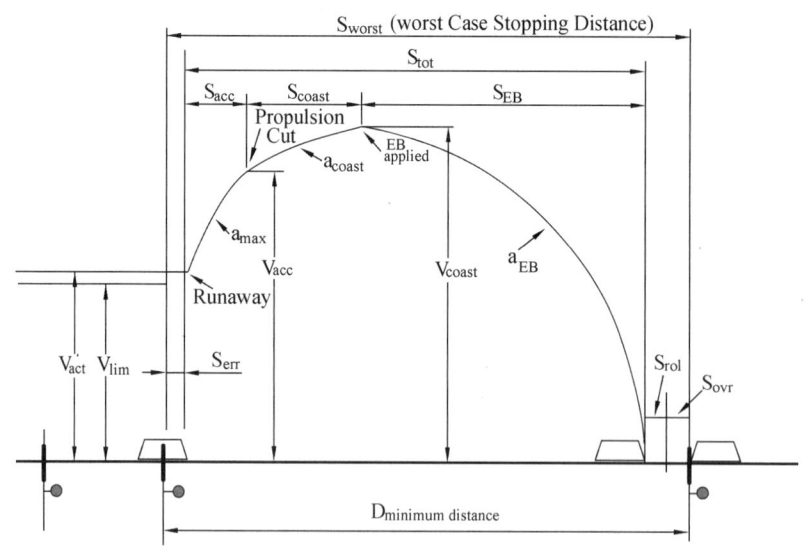

图 4.15 列车安全制动模型

因此，采用如下公式计算前后列车之间的折返间隔时间：

$$T_{前后车进站间隔时间} = \frac{D_{\text{minimum distance}}}{\overline{V_{\text{avg}}}} \quad (4.21)$$

其中，$D_{\text{minimum distance}}$ 表示前后列车之间的最小安全间隔距离；$\overline{V_{\text{avg}}}$ 表示列车在这段安全距离内的平均运行速度。

2. 列车折返运行各阶段时间分析

如图 4.14 所描述的列车在各个阶段的折返过程，为了更加精确地定量分析列车在上述各个阶段的运行时间等性能指标，本节主要以列车的性能参数和线路情况为基础，以牵引计算为依据，描述列车在运行过程中的启动、加速、巡航、制动等各种状态，以及各种状态过程中的列车速度、运行距离以及时间等性能指标的变化过程。如图 4.16 所示，描述了列车在各个折返阶段的速度-距离曲线图。

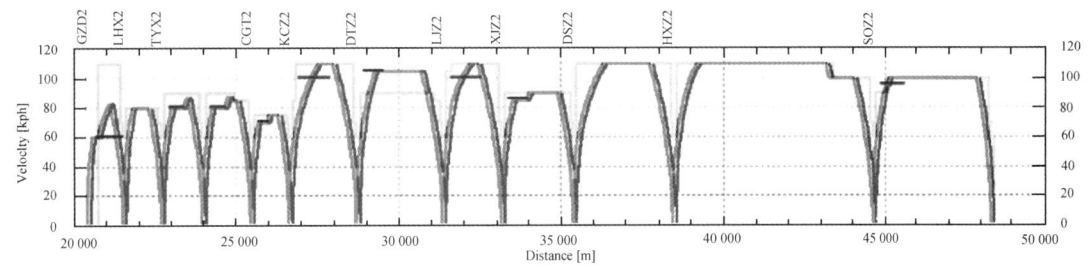

图 4.16 列车在各个折返阶段的速度-距离曲线图

3. 信号系统的反应时间

信号系统的反应时间，主要考虑的是列车在折返站台的停站时间（$T_{停站时间}$）、道岔的转动时间（$T_{道岔转换时间}$）、进路的建立延迟时间（$T_{系统反应时间}$）、司机切换驾驶室的时间（$T_{司机切换驾驶室}$）等因素对折返过程的影响。

如果列车采用的是站前折返模式，那么，列车在停站上客的同时，司机可以完成驾驶室切换的工作。所以，在站前折返模式下，不需要考虑司机切换驾驶的时间。

4.3.4 折返能力的计算方法研究

通过以上分析可以得到，在计算列车的折返间隔时，需要通过牵引计算的原理和方法来精确计算以上各种因素的时间值。同时，在计算最小折返间隔时，还需要考虑前后列车之间的各个运行阶段相互间存在的影响，相互制约的关系。比如说，当前行列车处于离开折返站台进入折返区域阶段时，后续列车无法进入折返站台。

因此，需要根据前后列车的各项运行时间指标，合理确定最小折返间隔时间，从而来确定该折返站的折返能力。所以，本文总结出了如图 4.17 的主要算法流程图。

算法流程图中所涉及到的公式如下：

$$T_{折返} = \max \left(T_{阶段一} + T_{折返时间} + T_{阶段三} \right) \\ \left(T_{前后车进站间隔时间} + T_{停站时间} + T_{道岔转换时间} + T_{系统反应时间} \right) \quad (4.22)$$

$$T_{折返} = T_{阶段一} + T_{道岔转换时间} + T_{系统反应时间} + T_{前后车进站间隔时间} + T_{停站时间} \quad (4.23)$$

其中，$T_{阶段一}$ 表示前文描述中的列车折返过程中的第一个阶段；$T_{阶段三}$ 表示前文描述中的列车折返过程中的第三个阶段；$T_{折返时间} = T_{司机切换驾驶室} + T_{系统反应时间}$。

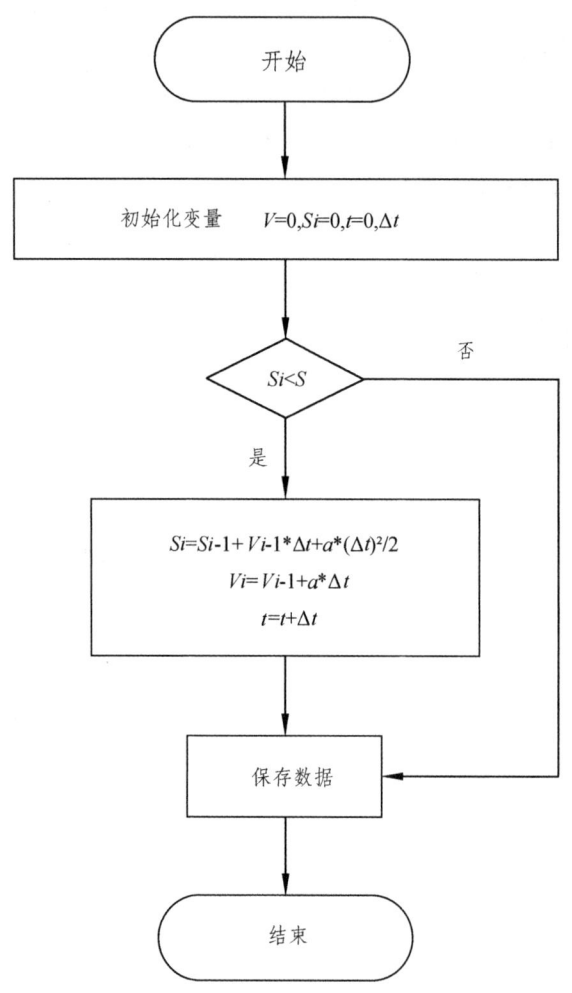

图 4.17　折返能力主要算法流程图

4.3.5　案例

以北京某轨道交通线路的某折返站为例，如图 4.18 所示为折返站的站型，结合该折返站的实际线路数据、折返路径和车辆参数等信息，如表 4.1、表 4.2 以及表 4.3 所示。通过使用以上的算法和流程，得到如图 4.19 和表 4.4 的结果。

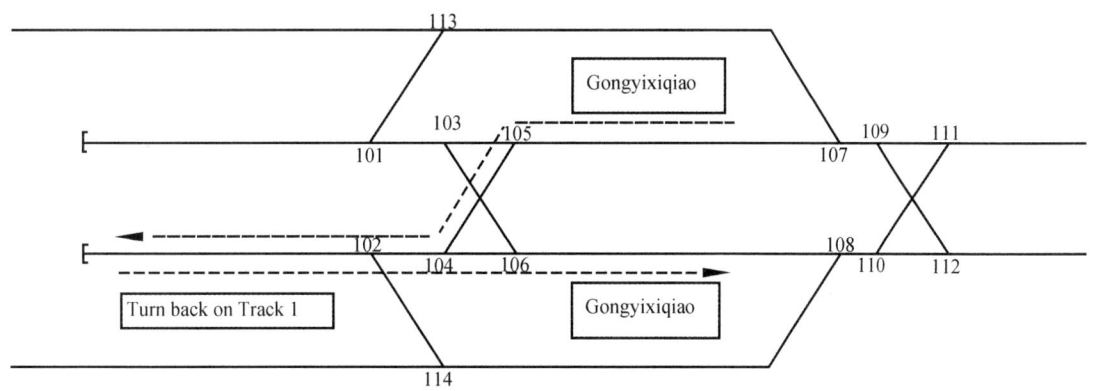

图 4.18 案例折返站的站场图

表 4.1 折返线路部分数据

区域/m	限速/（km/h）	坡度/‰
0—134.810	70	0
134.810—202.469	20	1.15
202.469—273.268	65	1.15
273.268—340.647	65	1.15
340.647—475.457	70	0

表 4.2 列车性能参数数据

项目	值
长度	117.12 m
重量	282.02 t
常用制动率	-0.8 m/s/s
最小保证紧急制动率	-0.85 m/s/s
冲击值	0.75 m/s/s/s
系统反应时间	1 s

表 4.3 列车速度-牵引加速度关系表

速度/（km/h）	牵引加速度/m/s^2
0	0.85
20	0.85
40	0.82
60	0.54
80	0.23

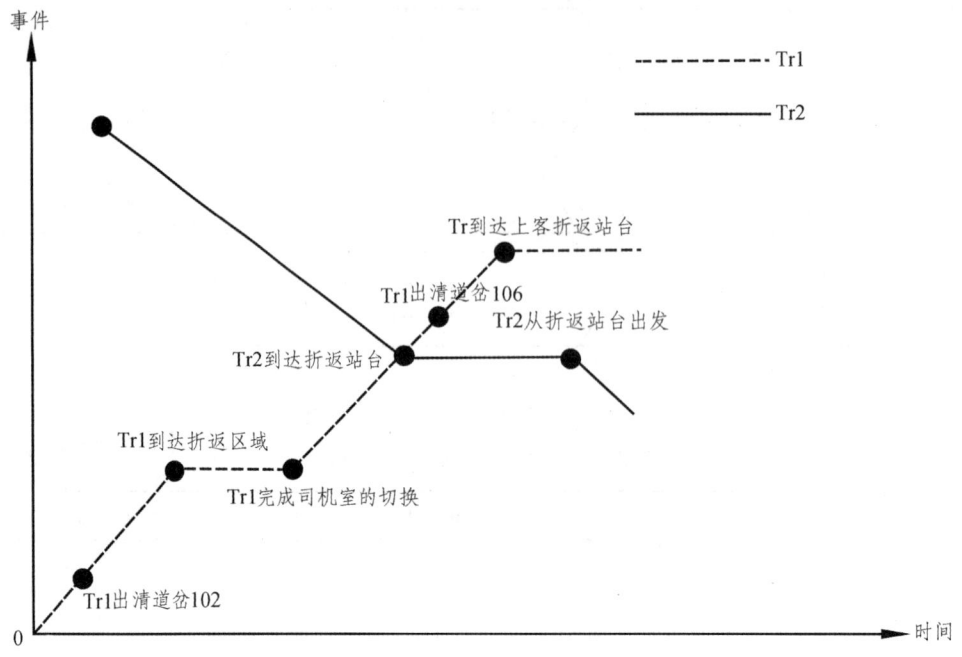

图 4.19 列车折返能力曲线图

表 4.4 列车折返过程中使用的各项时间值

项目	时间/s
前后列车到达折返站台的间隔时间	50
折返站台的停站时间	30
列车进入折返区域，出清道岔 103	34
列车到达折返区域的运行时间	49
司机切换驾驶室的时间（2 司机）	15
道岔转动时间	8
列车离开折返区域，出清道岔 106	36

结合图 4.13 和表 4.4 的内容，可以知道该折返站台的最小折返间隔时间是：

$$T_{折返} = 34+8+1+50+30 = 123(s) \quad (4.24)$$

所以，该站台的折返能力是：

$$N_{折返能力} = \left[\frac{3\,600}{123}\right] = 29(对/h) \quad (4.25)$$

5 运行图与信号系统

5.1 运行图

运行图也称为时刻表,它定义了一个运营日的所有运行计划。按不同运营时间,可分为平日运行图、节假日运行图。不同季节、每天不同运营时段、临时事件等可以使用不同的运行图。

列车运行图按照用途可分为两种:
(1)计划运行图。
(2)实际运行图。
以上两种运行图可同时在 ATS 的运行图界面上显示。

5.1.1 计划运行图的离线编辑

在计算机辅助下,计划员可在时刻表编辑工作站上完成计划列车时刻表/计划运行图的编制,主要有以下两种运行图编辑方式。

1. 自动生成方式

由编图人员输入基本数据(包括各区间运行时间、车站停站时间、运行间隔、起始和终到站、时间段、可用列车数、列车折返要求等信息),通过计算机的辅助自动地编制计划列车时刻表/计划运行图。编图人员在编制列车时刻表/运行图时,能随时有效地进行人工修改,并可将以往经分析处理过的实际客流信息和客流统计报告(其它系统提供)作为编制列车时刻表/运行图的参考。运行图在编制过程中及编制完成后能在显示终端上显示,以便于编图过程中的人机交互。若运行上有要求,结合线路布置可以先编制局部区段的基本运行图,计算机能辅助自动合成为全线的计划运行图。

2. 人工输入方式

编图人员可人工创建一个空的运行图,通过添加列车、修改、平移和拷贝等功能自动生成所需的运行图;也可根据已有的运行图创建一个新的运行图,通过修改、平移功能快速生成所需的运行图。图形方式生成运行图时,可对计划列车的所有运行图信息(如所选路径、各区间运行时间、车站停站时间、起始和终到站、时间段、列车折返要求等)通过菜单方式进行精确查找与定义,并实时地在显示终端上显示;也按规定格式以 excel 文件的方式导入、导出。

在编制计划运行图时，能对以下参数进行设置：

（1）有多个站台的车站，能够分别设置停站时分。

（2）正线与车辆段/停车场联络线的运行时分可通过人工进行设置。

（3）两站间有多条运行径路时，可分为正向运行与侧向运行分别设置运行时分。

（4）自动编图软件中默认的区间运行时分及站停时分能够按照实际情况进行设置。

（5）不同时段的追踪间隔能够分别进行设置。

（6）首末车时间能够设置。

在运行图编制过程中，编图软件能自动地对最小运行间隔、站台占用和折返线占用等冲突进行检查，在报警信息栏给出明确的冲突原因和位置，并给出修改建议，以便编图人员修改。

同时，针对运营的特殊要求，可编制 24 h 运行图实现全天不间断的列车运营。

计划运行图编制完成后存入数据库内，以备调度员随时调用。系统数据库服务器中提供储存 256 套以上计划运行图的容量，也可将计划运行图导出至文件保存到光盘介质中。计划运行图可整张图或选择时段打印输出。

对编辑完成后的运行图，可根据线路状况和列车参数，在模拟系统中进行列车运行的模拟和仿真，以检测计划运行图/计划时刻表编制的可行性和合理性。

5.1.2 列车出入段计划及管理

列车出入段计划主要是根据计划运行图生成的。在每天运营开始前，计划运行图/时刻表由中央 ATS 设备传送至车辆段/停车场 ATS 派班工作站上，车辆段/停车场调度员根据当天的计划运行图/时刻表完善车辆运用计划。

出入段计划管理由车辆段/停车场 ATS 工作站完成。调度员可创建新的出入段计划或编辑、查看已存在的出入段计划。

出入段计划分基本出入段计划和在线出入段计划。调度员可事先创建若干套基本出入段计划，存入数据库中。在线出入段计划以天为单位进行管理，每一天制定一个在线出入段计划。创建在线出入段计划时可选择复制某个已存在的基本出入段计划。

每个出入段计划在被创建时都被指定以一个正线计划作为基准，该出入段计划中的计划列车出入段记录和作为基准的正线计划中的上线运行任务相对应。同时，ATS 子系统能对出入段计划进行测试，自动发现出入段计划中的错误（如被派发的车组还未下线又被派发等）并提醒派班人员及时更正。ATS 子系统提供车辆段/停车场列车出场自动预先通知功能，当规定时间内没有列车进入转换轨区段时，ATS 子系统在车辆段/停车场值班员 ATS 终端上自动进行报警，提示值班员注意。

5.2 运行图在信号系统中的应用

每天运行开始前，中心调度员可从数据库中调用一个计划运行图。经修改或确认后，即可成为当日的计划运行图,并在控制中心各工作站上显示,也可配置一个运行图使用的周计划,由 ATS 在指定时刻自动加载运行图,创建当日的计划运行图。运营期间中心调度员可对当日的计划运行图在线进行修改(主要包括加车、删车、修改、平移和更名等功能)。

在调度员工作站显示器的同一画面上能以图形的方式同时显示当天的计划运行图和实际运行图(对非计划列车也可画出实际运行图),并以不同的颜色和线条加以区分,以现在的时间为分界线,并随着时间而推移。

实际运行图实时自动储存在数据库服务器中,该实际运行图 360 天后被自动删除。如有必要可通过 ATS 的备份工具自动备份到其它磁盘或光盘中。储存的数据可随时从服务器中调出来进行打印和显示。

以泰雷兹信号系统中的 ATS 子系统为例,时刻表信息屏幕能显示三种屏幕:可用时刻表、详细时刻表信息和进入/退出列表信息,通过使用工具条按钮或菜单来选择当前屏幕。

1. 可用时刻表的显示

可用时刻表显示给出了当前可用时刻表的说明,并能指示当前分配的时刻表,如图 5.1 所示。

Name	Description	Status
Weekday	Normal weekday service	
Saturday	Normal Saturday service	
Sunday	Normal Sunday service	
Holiday	Bank Holiday service	
Typhoon	Typhoon and weather limited service	Active
Special	Special occasion service	

图 5.1 可用时刻表的显示

2. 当前时刻表详细显示

时刻表详细显示给出了分配的时刻表的详细信息。该信息仅当时刻被表激活时才可用。如图 5.2 和图 5.3 所示,该显示屏包含:

(1)所有站台的计划到达和发车时刻。

(2)最后一次往返运营的各个站台的实际到达和发车时刻,每列车的下一次往返运营的预计到达和发车时刻。

(3)每次实际/预计发车时刻的实际或预定偏差。

该信息可以是列表或图形(时间-距离图)。图形格式可以显示一个或全部运行班次。在列表中,使用颜色来区分预计到达时刻和实际到达时刻。预计到达时刻是灰色的,而实际到达时刻是黑色的。如图所示,第一列中的图标指示了使用时刻表修改命令来修改的时刻表线。

Run	Trip	Platform	Sched. Arr.	Sched. Dep.	Actual Arr.	Actual Dep.	Variance
1	1	Huang Xing Greenland 2	09:04:05	09:04:25			
1	1	Middle Yan Ji Rd 2	09:10:05	09:10:25			
1	1	Huang Xing Rd 2	09:11:20	09:11:40			
1	1	Jiang Pu Rd 2	09:12:40	09:13:00			
1	1	An Shan New Village 2	09:13:50	09:14:10			
1	1	Si Ping Rd 2	09:15:10	09:15:30			
1	1	Qu Yang Rd 2	09:17:55	09:18:15			
1	1	Hong Kou Football Stadium 2	09:20:30	09:20:50			
1	1	North Xi Zang 2	09:21:45	09:22:05			
1	1	Zhong Xing Rd 2	09:23:00	09:23:20			
1	1	Qu Fu Rd 2	09:24:15	09:24:35			
1	1	People's Square 2	09:25:30	09:25:50			
1	1	Grand World 2	09:27:20	09:27:40			
1	1	Lao Xi Men 2	09:28:35	09:28:55			
1	1	Lu Jia Bang Rd 2	09:29:50	09:30:10			
1	1	South Xi Zang Rd 2	09:31:25	09:31:45			
1	1	Zhou Jia Du Rd 2	09:32:30	09:32:50			
1	2	Yao Hua Rd 1	09:35:40	09:36:00			
1	2	Zhou Jia Du Rd 1	09:38:45	09:39:05			
1	2	South Xi Zang Rd 1	09:39:50	09:40:10			
1	2	Lu Jia Bang Rd 1	09:41:25	09:41:45			
1	2	Lao Xi Men 1	09:42:40	09:43:00			
1	2	Grand World 1	09:43:50	09:44:10			
1	2	People's Square 1	09:45:50	09:46:10			
1	2	Qu Fu Rd 1	09:47:05	09:47:25			
1	2	Zhong Xing Rd 1	09:48:20	09:48:40			
1	2	North Xi Zang 1	09:49:35	09:49:55			
1	2	Hong Kou Football Stadium 1	09:50:50	09:51:10			
1	2	Qu Yang Rd 1	09:53:15	09:53:35			
1	2	Si Ping Rd 1	09:56:00	09:56:20			
1	2	An Shan New Village 1	09:57:20	09:57:40			
1	2	Jiang Pu Rd 1	09:58:30	09:58:50			
1	2	Huang Xing Rd 1	09:59:50	10:00:10			
1	2	Middle Yan Ji Rd 1	10:01:05	10:01:25			
1	2	Huang Xing Greenland 1	10:07:10	10:07:30			
1	2	Xiang Yin Rd 1	10:08:45	10:09:05			
1	2	Neng Jiang Rd 1	10:10:00	10:10:20	10:00:28	10:01:28	551
1	2	Shi Guang Rd 1	10:11:15	10:11:35	10:02:33	10:03:33	481
1	3	31	10:13:45	10:13:45	10:05:43	10:05:43	481
1	3	21	10:13:45	10:13:45			
1	3	Shi Guang Rd 2	10:15:35	10:15:55	10:07:33	10:08:33	441
1	3	Neng Jiang Rd 2	10:16:50	10:17:10	10:09:28	10:10:28	401
1	3	Xiang Yin Rd 2	10:18:05	10:18:25	10:11:23	10:12:23	361
1	3	Huang Xing Greenland 2	10:19:40	10:20:00	10:13:36	10:14:36	321
1	3	Middle Yan Ji Rd 2	10:25:40	10:26:00	10:20:18	10:21:18	281
1	3	Huang Xing Rd 2	10:26:55	10:27:15	10:22:13	10:23:13	241
1	3	Jiang Pu Rd 2	10:28:15	10:28:35	10:24:13	10:25:13	201
1	3	An Shan New Village 2	10:29:25	10:29:45	10:26:03	10:27:03	161
1	3	Si Ping Rd 2	10:30:45	10:31:05	10:28:03	10:29:03	121
1	3	Qu Yang Rd 2	10:33:30	10:33:50	10:31:28	10:32:28	61
1	3	Hong Kou Football Stadium 2	10:36:05	10:36:25	10:34:43	10:35:43	41
1	3	North Xi Zang 2	10:37:20	10:37:40	10:36:38	10:37:38	-1
1	3	Zhong Xing Rd 2	10:38:35	10:38:55	10:38:33	10:38:55	0
1	3	Qu Fu Rd 2	10:39:50	10:40:10	10:39:50	10:40:10	0
1	3	People's Square	10:41:05	10:41:25	10:41:05	10:41:25	0

图 5.2　当前运行图的列表显示

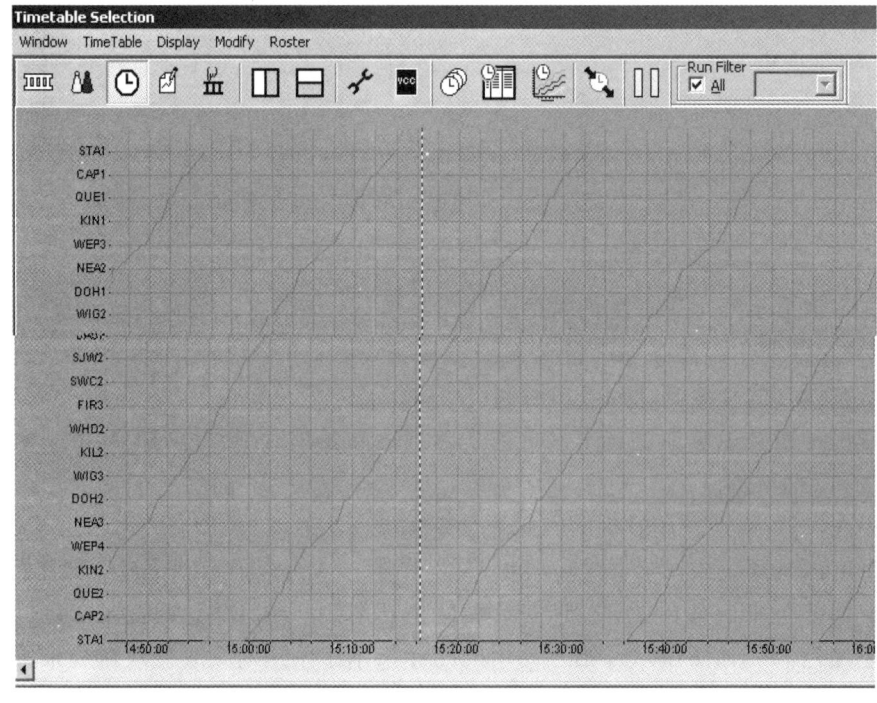

图 5.3　当前运行图的图形显示

在图形显示时，计划信息用黑色表示，实际和预计信息用列车准时性颜色表示（见列车标签）。实际和预计值用线条类型来区分——实线表示实际时间，虚线表示预计时间。图形显示中的时刻表修改使用与列表形式（插入、删除或更改）修改一样的符号来表示对时刻表已进行了修改。

3. 进入/退出列表显示

进入/退出列表显示的内容给出了分配的时刻表中所有的进入和退出列车。该信息仅当时刻表被激活时才可用。如图 5.4 所示显示内容给出了运行图计划中每个运行班次的进入信息：

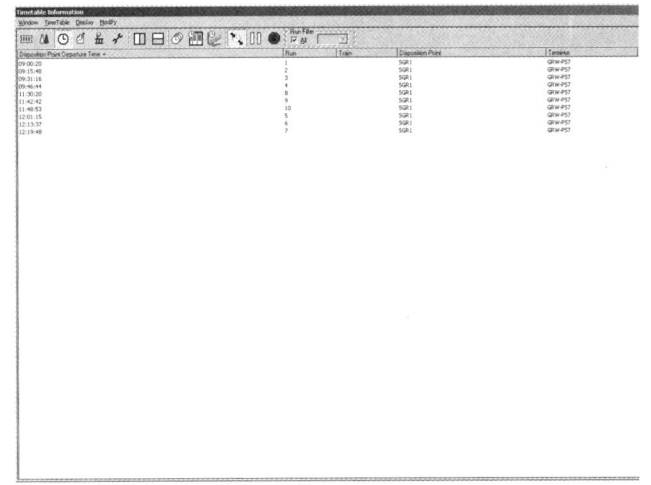

图 5.4　运行图计划中每个运行班次的进入信息

（1）进入点发车时刻。
（2）运行班次编号。
（3）进入点。

如图 5.5 所示显示了的内容给出计划中每个运行班次的退出信息：

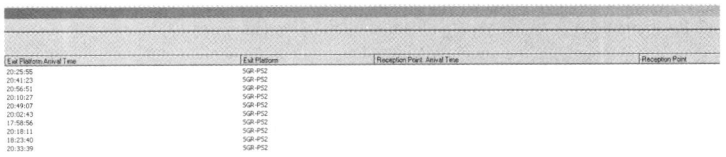

图 5.5　运行图计划中每个运行班次的退出信息

（1）退出站台的预计到达时刻；
（2）退出站台；
（3）预计到达车辆段或侧线的时刻；
（4）车辆段/侧线到达点。

5.3 运行图的调整

在中央控制时，ATS 子系统具有不同的调整和控制功能。系统定义了至少两种不同的调整模式以适应不同的运行需要。

5.3.1 自动按图调整

系统按计划图调整列车停站时间和运行等级，控制列车完成自动折返，自动出入段。该功能应用于使用运行图的自动调整模式。自动列车调整基于运行图中的列车计划线的时间特性。按运行图调整只对运行图中存在列车识别号的列车有效，且实际列车运行方向必须与图定方向相同。当列车的实际运行和计划运行图偏差在系统调整范围（该范围是可由 ATS 子系统维护人员调整的 ATS 子系统参数，如 5 s～300 s）之内时，系统自动调整列车运行并控制列车运行至正点状态；否则不进行调整，当偏差高于上限时给出报警（如大于 300 s）。

调整原则应用于某一给定的列车，按照这列车的运行图进行调整，和其它列车可能的延迟无关，因为列车的最小运行间隔是由 ATP 系统保证的。除中央 ATS 能实现按运行图调整的功能外，车站 ATS 也具备按照运行图进行列车运行调整的能力。

当列车停站时，系统自动判断列车的早晚点状态，通过计算给出合理的发车时间和到下一站的区间运行时间，发送给 ATO 控制列车的区间运行时间，另外把停站时间通过每个站台的列车发车计时器传达给列车司机以便控制列车停站时间。

如果列车运行状况与计划偏离在系统调整范围内，ATS 的自动调整功能通过调整列车的停站时间和列车的区间运行时间，或只调整两者之一，来纠正偏离。

如果列车运行状况与计划偏离超出调整范围时，系统发出警告。同时，ATS 的运营调整功能也为调度员提供人工干涉的手段，比如人工修改列车在区间的运行时间、停站时间、扣车、跳停、修改列车在线计划，以便尽快恢复列车的计划运营。

在调整策略中的计划偏离阀值是系统参数。系统管理员可自行设置。

5.3.2 自动等间隔调整

按设定的交路及间隔调整列车停站时间、运行等级，控制列车在指定交路内自动折返运行。当列车运行发生大规模晚点，与当日的计划运行图偏离时间超过规定范围后，系统以起始站或终到站为基点对所有列车自动按等间隔运行原则生成调整计划，经调度员确认后对全线列车进行调整，如图 5.6 所示命令用于使整个或部分系统进入运行间隔调整模式。

操作员选择一个运行线并为该运行线上的站台指定想要的运行间隔。可以为不同的运行线设置不同的运行间隔。但是，如果一个运行线与其他已经在运行间隔调整模式下的运行线路有交叉，该运行线不能进入运行间隔调整模式。系统包含一个简单的运行间隔计算器协助用户决定运行间隔在选定的线路上运行需要的列车数。

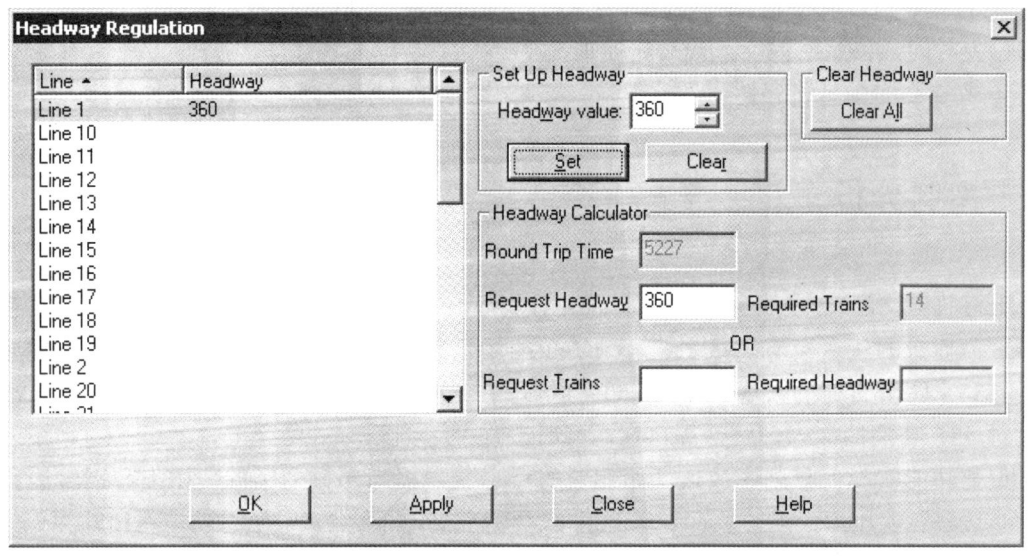

图 5.6　运行间隔调整对话框

ATS 子系统主要通过调整"停站时间"和"站间运行时间"两种方式调整列车。停站时间和站间运行时间的调整优先级定义如下：列车到站时，若列车有延迟，ATS 通过减少停站时间来弥补延迟时间，直至停站时间到设置的最小值，剩余的延迟时间通过缩短下一个站间运行时间来弥补；若列车提前了，则停站时间延长一段提前量，直至停站时间到设置的最大值，剩余的提前时间可通过延长下一个站间运行时间来弥补。

5.3.3　人工调整方式

调度员可以选择以上两种模式来对列车的运行进行调整。但是，在任何时候调度员都可通过人工干预的手段对列车运营进行局部调整。例如以下几种调整方式。

（1）对有关站台或车辆段/停车场出库线实施"扣车"使已在本站台停站的列车或下一辆在本站台停站的列车到站后一直停在本站台上直到扣车被取消。扣车命令会发给列车和联锁。扣车设置与站遥控状态无关，中心扣车由中心或车站取消，车站扣车由车站取消；当扣车站不在当前画面时调度员可以点击主画面扣车提示按钮，系统自动弹出对话框（此对话框根据扣车站的增减实时刷屏）告知调度员哪些车站的哪一方向站台可以办理扣车作业，调度员在点击相应站台名后，调度员工作站主画面立即切换至相应车站站场画面。当办理扣车作业时所有调度员工作站扣车提示按钮均变为闪动状态，提示调度员注意扣车情况。

（2）对有关站台实施"提前发车"使停在本站台的列车立即发车，提前发车命令只有在无扣车状态下才有效。

① 对有关站台实施"跳停"使指定列车或下辆列车在本站台直接通过，不停站。跳停既可实现对某一列车的控制，又可实现对站台控制。

② 修改列车在区间的走行时分、停站时分。修改站停时分无论是在站控时还是在遥控时，中心均可进行。

③ 对计划运行图进行在线修改，如进行"时间平移"、增加或删除运行计划线、改变列车的始发时间、停站时间、区间的走行时分等。

④ 改变列车的运行径路。

5.4 案例分析

上海轨道交通 8 号线自开通以来，由于车型小、乘客出行集中等诸多因素，一直都是上海最为拥挤的轨道交通线路之一。为了缓解运量和运力日益尖锐的矛盾，运营方尝试了多种方式来缓解目前的大客流压力，虽然起到了一定的效果，但离目标还有一定的距离。通过对 ATS 功能的深入理解，提出在高峰时段加开区间列车的基础上，运用 CBTC 系统的列车偏离功能实现部分列车快速套跑运营的概念，以提高部分列车的使用率和周转能力，进一步缓解客流压力，提升乘客乘车舒适度，提高列车的准点率。这一功能在国外类似的轨道交通中得到广泛应用。如法国巴黎 RER-B 线的 Orsay-ville 站，东京成线的成田站和宗吾参道站等。

8 号线是上海轨道交通三条小车型线路之一。平时客流以通勤流为主，呈现"双峰形"。极端日均客流量为 90 万人次，极端时列车客流密度达 10 人/m²。高峰小时最小行车间隔为 195 s，折返时间为 300 s。客流以延吉路站至杨思路站最为密集。大客流的压力对线路的日常运营造成了直接或间接的影响。虽然在高峰小时期间，运营方采取了多种措施来缓解客运压力，确保运营正常，但列车运行图兑现率比较低。

在 CBTC 系统中，理论列车最小间隔为 90 s，但由于线路的折返能力及列车投用数的限制，很难实现这一时间间隔。为充分运用这项新技术带来的运营优势，利用 CBTC 系统的列车偏离新功能，并将其运用在高峰小时增设的延吉中路站至东方体育中心站小交路上，以缩短高峰小时相应区段的列车间隔，从而缓解延吉中路站至东方体育中心站区段早高峰客流拥堵的问题。具体开行方案如图 5.7 所示。

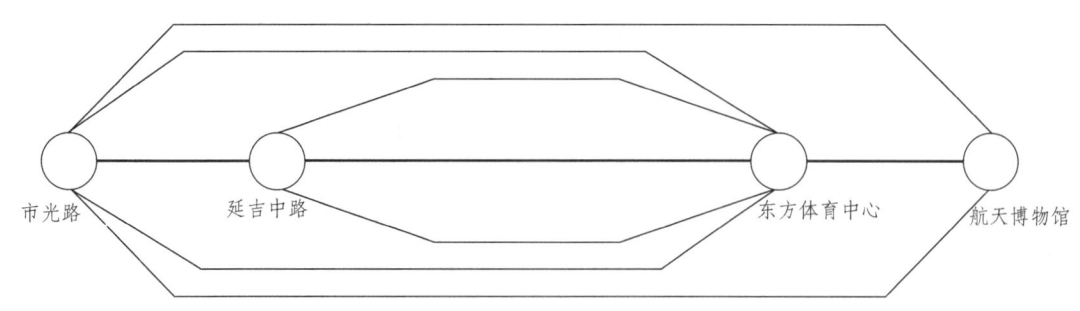

图 5.7 高峰小时列车开行方案

默认情况下，CBTC 系统中的日常列车运行是由调度员事先设置好每列列车当日对应的车次号，ATS 子系统根据所收到的车次号自动分配列车运行的目的地。在每日设定的运行图中，系统会根据班次与运行线的组合，自动为列车生成运行方向与进路，并分配对应的停站时间。

列车偏离是指调度员使用"列车偏离"命令使当前班次或运行线上某一列列车偏离到一个新的班次或运行线。具体操作为：中央调度员选择一列列车，并按图 5.8、图 5.9 所显示方式设定利用前方道岔改变该列车前进进路，越过前面同方向的障碍物进行偏离。当列车到达对话框中规定的"起点站台"时，列车就会退出原来的运行线和班次而遵循新的服务方式。当列车到达"恢复站台"时，就会恢复到原来的运行线和班次。

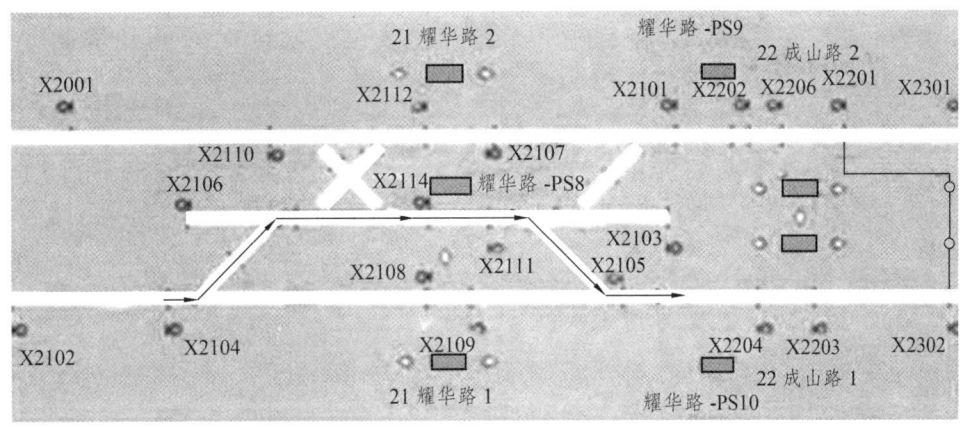

图 5.8　偏离功能的站场图形

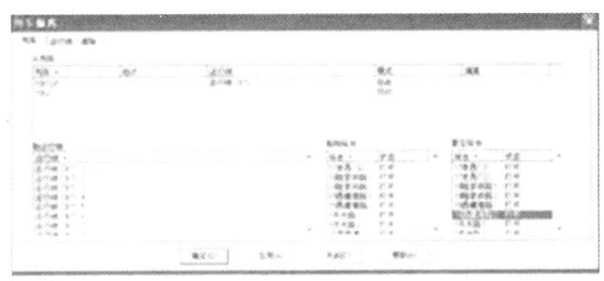

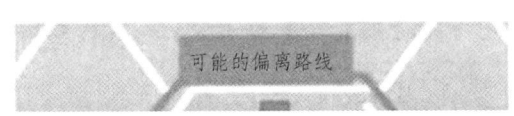

图 5.9　偏离功能的 ATS 操作界面

通过在延吉中路站至东方体育中心站采用混合交路套跑的形式，增加了高峰小时在此高客流区段的列车周转数。仅通过列车偏离功能，就可实现延吉中路站至东方体育中心站每列车的周转时间缩短 4 min 37 s 左右的图标。

调用 833 次列车增能后对车站客运的影响为：

（1）市光路站至延吉中路站客运压力略有增加，但由于只抽调了 1 列车，市光路站至延吉中路站客运组织仍在可承受范围内，所以不会对运营造成太大影响，而延吉中路站至东方体育中心站区段的运能却提高了 3.5%左右。

（2）由于列车跳停延吉中路站上行、东方体育中心站下行，可极大缓解黄兴路站上行、成山路站下行（后续车站）高峰小时车站的客流压力。

（3）增加了市光路站至延吉中路站上行、东方体育中心站下行、曲阳路站下行、耀华路站上行的客运组织压力。尤其是耀华路站，它是与 7 号线相交的换乘站，该方案刚开始实行时必会给换乘 7 号线的乘客造成一定影响，但变为常态化运行方案后影响将逐步得到消除。

因此，结合具体的线路情况，利用列车的偏离功能，既能增加该区段内的运能，又能有效提高乘客的认同度和乘车舒适度。

6 网络化运营与信号系统

6.1 网络化运营

随着城市化进程的加快,我国城市轨道交通建设已经进入到快速发展的时期。据不完全统计,自 2003 年国务院 81 号文件发布以来,全国共有 28 个城市上报了城市轨道交通建设规划。规划近期建设规模约为 2 700 km,平均每年建设里程超过 250 km,大大超过 20 世纪 70 年代世界轨道交通发展高峰时期 160 km/年的建设规模。目前,北京、上海、广州、深圳等特大城市已经先后进入了网络化运营时期,第二轮批准建设轨道交通的城市也着手开始建设首条线路。

可以预见,随着我国各大城市掀起的网络化建设高潮的到来,很快会有若干大城市进入到网络化运营阶段。相对单一制式的系统结构,在多模式网络结构下,更加注重网络的互联互通、通道资源复合利用和网络设施资源共享。采取灵活多样、适合城市特点的网络运营模式,是发挥多模式网络结构优势、提升网络整体运行效率、集约通道资源和网络设施资源的重要保障。

6.1.1 网络化的运营模式

从全球的轨道交通来讲,网络化的运营模式主要有以下 4 种:
共线共轨运营模式。
分线运营模式。
跨线运营模式。
接线运营模式。
本节将详细介绍每种运营模式的原理和特点。

1. 共线共轨运营模式

所谓共线共轨运营模式,是指一条线路上存在快、慢线不同的运营组织方式,快线列车可以直达运行或者只在部分中间车站停留,慢线列车一般为站站停。快车在部分车站或区间通过设置越行线的方式对慢车实行越行通过。

共线共轨运营模式下,正线一般为 2 股道,越行线通常结合车站设置,越行站一般为双岛 4 线站,以分别满足上下行越行需要。如遇条件限制,也可在一条正线一侧设置越行线,另一方向通过渡线灵活组织列车越行。对于城市轨道交通,如果采用地面或高架敷设方式，设置越行设施成本相对较低；如果采用地下敷设方式，设置越行设施成本会大幅提高。

日本东京筑波快线（TSUKUBA EXPRESS）是一条连接东京千代田区秋叶原和茨城筑波市的近郊通勤线路，全线共设 20 个车站，开行快速、通勤快速、区间快速、普通等 4 种列车，不同速度等级列车共线运营，通过在一些车站设置 4 线越行站来实现快车越行，如图 6.1 所示。

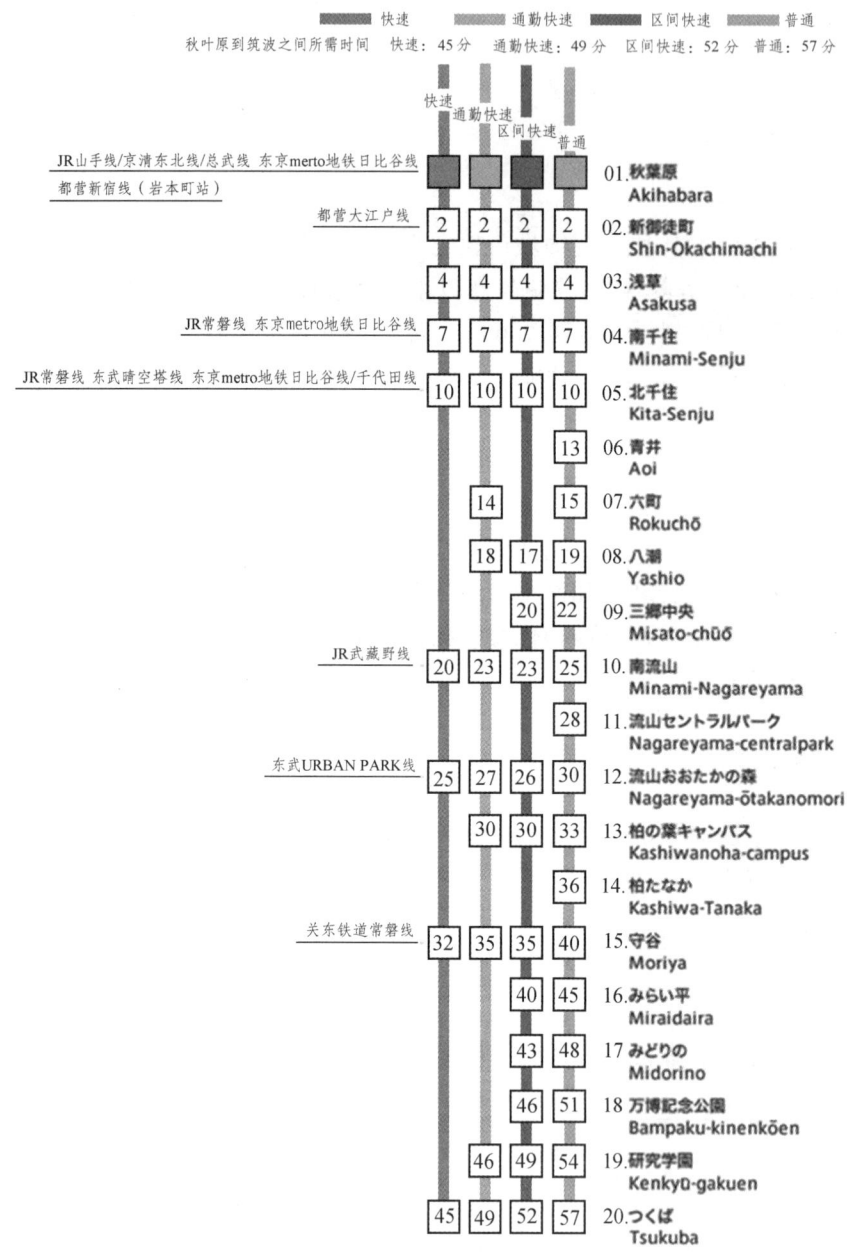

图 6.1 日本东京筑波快线

（1）快速列车：旅行时间最短，从秋叶原站到筑波站中途仅停靠 7 站，最快 45 min 便可到达筑波站。

（2）通勤快速列车：仅在早晨和傍晚的交通高峰时段运行，中途停靠 11 站，从秋叶原站到筑波站约需 49 min。

（3）区间快速列车：为第二快速列车，中途停靠 14 站，全程约 52 min。

（4）普通列车：为传统站站停列车，中途共停靠 18 站，全程约 57 min。

筑波快线通过在一条线路上开行不同等级列车，在不大幅增加工程成本的条件下，能较好地满足旅客的不同出行需求，对于对覆盖范围和服务时间都有较高要求的市域轨道交通具有较好的适应性。但由于开行多种等级列车，列车的运营组织较为复杂。

共线共轨运营组织方式，一方面可保证大多数乘客缩短出行时间的需求，另一方面可保证全线有较高的服务水平。但是，为了快车越行，在越行站需增加 2 条轨道线路及扩大车站规模，从而增加了工程投资；且一条线路上开行多种速度等级列车，列车运营组织比较复杂，对车站导向系统和识别标志提出了更高要求。从我国各大城市轨道交通运营实践来看，共线共轨运营模式适合在运量较小、运能较为富裕的市域线上使用，如机场快线等。

2. 分线运营模式

所谓分线运营模式，是指同一通道内不同速度等级的列车在各自的线路上行驶。快车、慢车各行其道，两者之间的运营通过换乘设施结合起来。此运营模式下的快慢线分线设置，既可以在同一平面内，也可以上下布置。

分线运营模式下，正线通常为 4 股道或更多股道。由于快、慢车分线运行，彼此不受干扰。换乘站可以布置为平面双岛 4 线站，或根据线路情况，设置为上下同站换乘等形式。分线运营对通道空间要求较高，除非在城市规划中预留了宽通道条件，否则在城市化地区的实施成本和实施难度均较高。

巴黎都市圈轨道交通网络分为 RER、M、T 三种类型线路，如图 6.2 所示。其中，RER 线为巴黎全区快速铁路网，覆盖了巴黎都市圈内的主要城镇，是一种长距离、大站距的快速轨道交通线路；M 线为中心城区的地铁线路，发车频率高、站距短、运量大；T 线为现代有轨电车线路，主要分布在中心城区外围地区，以切向联络线为主。其中，作为快速铁路网，RER 线也进入到巴黎中心区，在部分线运营模式下，正线通常为 4 股道或更多股道。由于快、慢车分线运行，彼此不受干扰。换乘站可以布置为平面双岛 4 线站，或根据线路情况，设置为上下同站换乘等形式。分线运营对通道空间要求较高，除非在城市规划中预留了宽通道条件，否则在城市化地区的实施成本和实施难度均较高。分区段与 M 线共通道分线运行，并通过一些换乘站实现 RER 线与 M 线之间的运营衔接。

分线运营模式下，快慢车分别独立成体系，运营组织相互间的影响小，具有很大的灵活性，同时运能不受限制。但是，快车在进入市区后要新建线路，不仅增大了投资，在市区慢车线路已建成的情况下，也会增加施工难度和工程造价；快慢车之间的换乘便利性相对于共线共轨运营模式也较低。

我国部分城市在大力建设城市轨道交通网络的情况下，随着交通出行距离的不断增加，都提出了发展轨道交通快线的诉求。如果在轨道交通网络规划中没有事先考虑好快、慢线的布局，在建设中没同步实施或者预留，将加大今后分线运营模式下快线的建设难度和代价。

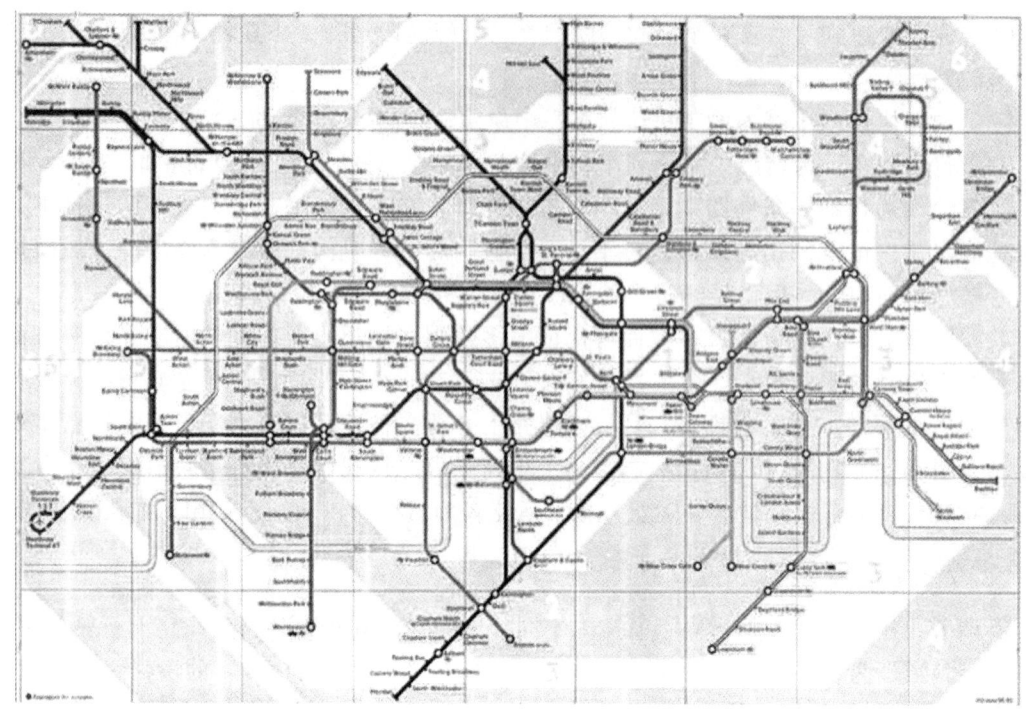

图 6.2　巴黎都市圈轨道交通网络

3. 跨线运营模式

跨线运营模式下,不同速度等级的列车一般为不同的轨道交通制式,但是有条件接入到另一制式线路上运行,从而实现不同线路之间的互联互通。跨线运营模式以东京轨道交通最为典型,除小田原线与千代田线外,东京都市圈山手线外私铁与内部地铁线大部分均能实现跨线运营。跨线运营模式下,快线与慢线必须在车辆限界、系统供电、通信信号等技术标准上实现统一或兼容。

东京市郊铁与地铁之间的直通运营多采用跨线运营模式,以地铁千代田线与私铁小田原线为例,两条线路在代代木上原站接轨,千代田线列车可直接驶入小田原主线,开往多摩、小田原等方向。

为了满足线路间的互通运营,代代木上原站接轨站被改造成双岛 4 线布置形式,中间两根轨道供千代田线使用,两侧轨道供小田原线使用,如图 6.3 所示。

跨线运营模式有利于发挥不同制式的技术优势,例如市郊铁路与城市轨道交通之间互联互通,既能在郊区段发挥市郊铁路大站距、高速运行的特点,减少车辆配置量,并实现市郊客流直达中心城区,又能有效缓解换乘站的客流压力;而且通过灵活组织列车开行交路,可进一步提高运营组织的灵活性。

但是,发展跨线运营也有一定的限制要素,从东京轨道交通跨线运营的发展历程来看,除了要从线路、车站、车辆、供电、通信、信号等方面统一技术标准外,还要在运营管理上进行有效协调。

由于传统铁路制式与城市轨道交通制式在车辆、供电、信号等方面的技术标准存在差异,难以实现直通运营。对于建成线路,通过技术改造实现直通运营成本较大,且对日常运营产生较大影响，具有较高的社会风险。因此，是否发展跨线运营应从规划阶段便予以考虑。

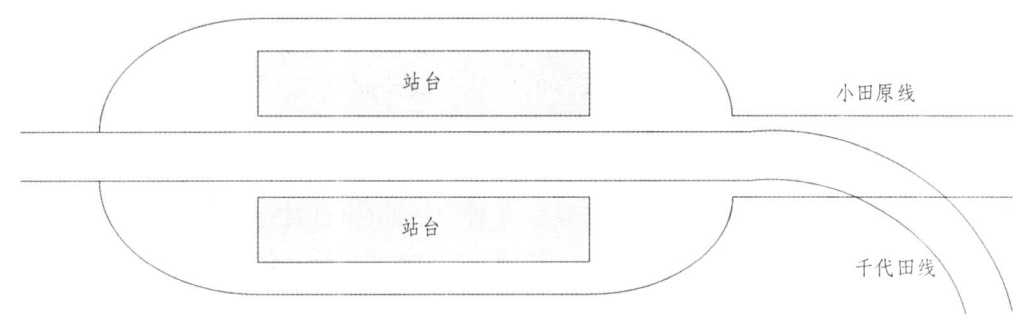

图 6.3　代代木上原站示意图

同时，郊区线与市区线直通运营后，除了运营组织较为复杂外，还要防范大客流风险。由于郊区线路的接入，市区城市轨道交通线路旅客运输能力受到影响，尤其在高峰时段，郊区列车进入市区后剩余载客能力有限，易引发运营大客流风险。

4. 接线运营模式

接线运营也是国内较为常见的运营模式，郊区和市区两条不同制式（或编组）的轨道交通线路通过换乘连接，让乘客实现市、郊间乘行不同速度级别或者不同运能级别的列车。接线运营模式也称为接驳运行模式。

在城市轨道交通线网规划过程中，为了提高中心城区的线路客流效益，部分长大线路在郊区采取断点运营的方式，针对市区和郊区不同的需求特征，采用不同的线路规划技术标准或者不同的车辆编组。例如，上海铁路金山支线和轨道交通 3 号线为不同的车辆制式，两条线路在上海南站站（都为终点站）与轨道交通 1 号线和规划中的 15 号线、机场快线等形成多线换乘。铁路金山支线主要为满足金山、松江等市郊客流进入市区的需求，而 3 号线为城市轨道环线的组成部分，两条线路由于系统制式不兼容，不能实现线路间的跨线运行，只能通过换乘形成客流的对接。

又如，上海轨道交通 2 号线在广兰路站实行接线运营模式。广兰路站以西段列车为 8 节编组，广兰路站以东段列车为 4 节编组。两段线路虽为同一种制式，但列车编组不同，目前东、西两段线路不能直通，而是在广兰路站实现换乘。

接线运营模式下，仅需在两条线路之间做好换乘衔接。这实质上是一种虚拟直通运营模式，线路之间运营互不影响。但是，这种模式在两线连接处增加了换乘，给乘客出行带来了不便，且随着郊区人口的增加，接线换乘枢纽的客流压力将越来越大，会给车站的运营安全带来一定隐患。

6.2　网络化运营下的调度功能

城市轨道交通行车调度系统是城市轨道交通运营管理的核心系统，它通过与底层轨旁控制系统及车载控制系统配合，实现列车运行计划编制、列车运行状态监视、列车运行调整、轨旁设备的监视与控制等重要功能，是调度员进行城市轨道交通行车调度管理的重要工具。

城市轨道交通行车调度系统与国家铁路网络化的运行模式不同，既有的城市轨道交通系统基本为独立设计、单线运行，各条线路的信号系统彼此独立，因而各条线路之间的行车调度系统之间也是彼此孤立的。这样，导致线路之间不能够互联互通，带来了线路之间的设备不能共享、空闲线路上的车辆不能调配到繁忙线路、维护与操作人员不能互换、旅客跨线换乘不便等一系列问题。轨道交通互联互通是轨道交通网络的一种运营方式，使不同线路的轨道、车辆、供电、信号、通信、屏蔽门及运营组织能够相互兼容，车辆能够跨线运行，从而节约资源，降低成本，提高资源使用效率和旅客服务质量。因此，需要通过构建互联互通的城市轨道交通网络，才能有效解决线网行车调度系统方面的问题。

6.2.1 设计理念

线网行车调度系统是互联互通全网行车调度指挥系统的一个组成部分，它与各线的线路行车调度系统共同构成全网行车调度指挥系统。各线路行车调度系统基于传统的自动列车监控系统，可以独立负责本线路内的行车调度指挥功能，包括列车运行计划加载、列车识别与跟踪、列车运行进路办理、本线内的列车运行调整等功能。

线网行车调度系统需要提供互联互通线路的统一计划编制，并提供给各线路使用。线网行车调度系统需要确保提供给各线路使用计划的正确性和一致性；线网行车调度系统需要具备宏观线路监视功能。线网行车调度系统与各线路行车调度系统进行接口，获取各线路现场设备状态信息、列车运行信息、运行计划执行情况等。线网行车调度系统的监视内容与含义需要与线路调度系统保持一致。

线网行车调度系统需要具备线网列车运行晚点及故障的在线监测功能，并能够第一时间通知给线网调度员。线网调度系统需要具备跨线运行调整能力，以及故障情况下应急处置能力；线网行车调度系统故障不应该影响各线路系统的独立运营。

6.2.2 设计思路

线网行车调度系统的主要功能是面向线网全局而不是单条线路，因此在系统功能设计与布局上，需要更多地从全局的角度进行考虑，以方便调度员的使用。线网行车调度系统需要同时接入多条线路，其处理的数据量远远大于单条线路，而且还要对将来线路的扩展及增加进行考虑，因而应增强线网行车调度系统设备的性能及软件的处理性能，可以借鉴既有自动列车监控系统的软硬件技术，包括采用计算机平台、信息传送与接口机制、站场图显示，以及运行图绘制技术等。

6.2.3 城市轨道交通线网行车调度系统的框架设计

根据互联互通线路对跨线行车调度功能的需要，结合线网行车调度系统的设计原则及设计思路，实现对线网互联互通的统一计划编制及全网调度的协调处理。线网行车调度系统划分为线网计划子系统和线网调度子系统 2 个业务子系统，以及线路接口子系统和外部接口子系统 2 个接口子系统。线网行车调度系统框架结构如图 6.4 所示。

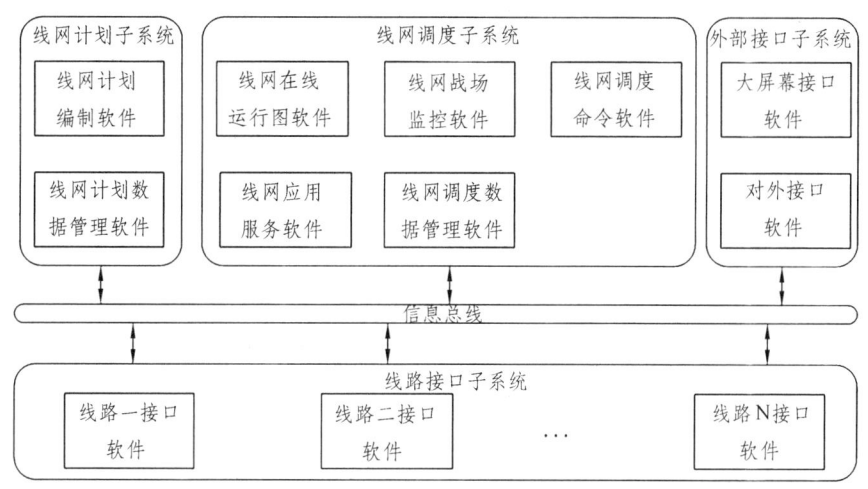

图 6.4 线网行车调度系统框架结构

1. 线网计划子系统

线网计划子系统负责全网运行计划的编制，是互联互通跨线运行组织的基础系统。线网计划子系统包括线网计划编制软件和线网计划数据管理软件。

（1）线网计划编制软件。提供互联互通所有线路列车计划运行图的编制，包括平日运行计划编制、周末运行计划编制，以及节假日运行计划编制。能够编制单条线路的运行计划，也能够编制跨线列车运行计划。能够对多条线路之间的跨线计划进行衔接检查，以保证跨线计划的连续性与一致性，并能够满足车辆与线路等基础设施的性能条件。

（2）线网计划数据管理软件。为线网计划编制软件提供数据管理服务，包括数据信息的查询，获取与存储。保证数据存储的一致性与可靠性，为线网计划子系统与线网调度子系统之间数据交互提供支持。

2. 线网调度子系统

线网调度子系统负责全网列车实时运行状态的监视与告警，是互联互通跨线运行的总体协调和指挥系统。线网调度子系统包括线网在线运行图软件、线网站场监控软件、线网调度命令软件、线网应用服务软件和线网调度数据管理软件。

（1）线网在线运行图软件。从各条线路获取当前班次的基本运行图、计划运行图及实际运行图。基于运行图视角统一监视全网列车运行状态和早晚点信息；密切监控列车跨线运营过程及早晚点情况；对列车跨线运营与计划产生严重偏移并可能导致运行衔接出现问题时，自动进行提示告警；提供对重点列车的运行监视，提供历史运行图的查询功能。

（2）线网站场监控软件。从各条线路获取实时现场设备信号状态信息，列车位置及状态信息；统一监视全网信号机、道岔、进路状态；统一监视全网运行列车位置、驾驶模式、运行等级，以及早晚点状态；统一监视全网站台屏蔽门、扣车、跳停、倒计时状态；对列车跨线运行的情况进行重点监视；收集全线列车运行告警信息，并对影响跨线运营的告警进行重点提示。

（3）线网调度命令软件。提供调度命令编辑、调度命令保存、调度命令下达、调度命令回执接收功能；支持线网调度员与线路调度员之间的命令传递；提供配套调度命令模板定制、历史调度命令查询等功能。

（4）线网应用服务软件。线网调度子系统的后台核心支持软件，负责汇聚各线路信息，并转发给线网在线运行图软件、线网站场监控软件，以及线网调度命令软件等业务模块。同时，将线网在线运行图软件、线网站场监控软件，以及线网调度命令软件的相关作业指令发送给各线路调度系统；进行后台服务运算，支持跨线列车晚点与故障检测功能。

（5）线网调度数据管理软件。提供线网调度子系统的数据库管理服务，包括数据信息的查询、获取与存储；保证数据存储的一致性与可靠性，为线网调度子系统与线网计划子系统之间数据交互提供支持。

3. 线路接口子系统

每条线路对于一套线路接口软件，接收各条线路的站场表示信息、列车位置信息、列车状态信息、当班基本运行图信息、当班计划运行图及当班实际运行图等信息，并进行相应的格式与协议转换，提供给线网应用服务器软件进行处理。同时，将线网行车调度子系统的相关信息，进行反向协议转换后，传递给各线路行车调度系统。

4. 外部接口子系统

外部接口子系统包括大屏幕接口软件和对外接口软件。

（1）大屏幕接口软件提供对线网调度大屏幕系统的支持。根据线网行车调度大屏幕的布局特征，将全局性系统信息整理后提供给大屏幕系统进行显示。

（2）对外接口软件提供对外信息的共享功能。将线网行车调度系统的运行计划信息、站场表示信息、事件告警信息及相关历史信息，根据需要进行转换处理后，提供给综合业务，旅客向导等外部系统使用。

5. 信息总线

为各子系统软件之间的信息交换提供统一的消息通道，完成线网计划及线网调度功能，支持线路延伸及与外部系统交换信息的接口扩展，提供统一的数据存储与数据共享功能。

6.2.4 城市轨道交通线网行车调度系统的关键技术

1. 全网行车信息收集与共享

对全网行车信息的收集与共享是建立线网行车调度系统的基础。具体从行车信息的收集、行车信息的显示及行车信息的共享3个方面进行考虑。

（1）行车信息的收集。从各条线路获取行车信息，包括列车的运行状态、轨道的占用情况、区间的占用情况、进路的排列情况和屏蔽门的开放情况等。针对线路之间的差异性，需要定义统一的协议，包括传递的信息类型、信息结构、信息的含义，以便形成接口的标准化。

（2）行车信息的显示。合理进行站场显示画面组织和布局，使调度员能够方便地进行各条线路的站场运行状态的切换，方便查看宏观的线网布局，也能快速地切换到单个车站；能够对全网在线列车进行分类显示。

（3）行车信息的共享。与各线路子系统及其他机构共享整个线网的列车运行信息，通过制定统一的信息总线框架，保证对线路接口及外系统接口的灵活性和可扩展性。

2．网络化运行图编制与管理

在传统线路情况下，运行图是按照单条线路运行交路进行设计的。在互联互通情况下，线路是网状的，运行图的数据组织、编辑、生成及正确性检查都需要从网络化角度进行考虑。

（1）网络化运行图的数据组织。可以参照单线情况，以运行线为基础建立数据存储结构。网络化运行图不同于单线运行图，这里的运行线需要定义属于哪条线路和是否跨线；跨线运行线需要明确定义线路之间的衔接关系，线路与线路之间同时需要定义共同的图号标识。

（2）网络化运行图的编辑。需要在单画面上对多张运行图同时进行显示，能够明确区分跨线交路；需要在多图同时存在的情况下方便对跨线交路及本线交路的运行线进行编辑，包括增加运行线、删除运行线、修改停站时间等。

（3）网络化运行图自动生成。需要根据用户设定的跨线运行交路、本线运行交路、各时间段运行密度及出入段等参数要求，自动生成网状列车运行图；需要提供用户进行人工修改的手段。

（4）网络化运行图智能检查。需要对人工或者自动生成的网状运行图进行自动检查，包括跨线交路的衔接、车辆的出入库是否与计划方式一致，以及是否存在跨线列车与本线列车运行冲突等情况。

3．线路间运营统筹与协调

互联互通线网情况下的运行组织远远复杂于单线情况下的运行组织，线网行车调度系统需要支持网络化的运行组织与运行调整，主要从以下3个方面进行考虑。

（1）运行计划的统一下达。每班运行前，线网调度员需要统一指定当日运行图，并通过线网行车调度系统统一下达给线路行车调度系统执行；线网行车调度系统需要保证下达给各条线路计划的一致性。

（2）轻微晚点下的运行调整。轻微晚点情况下，以本线调整为主。线路行车调度系统及时将本线调整情况汇总给线网行车调度系统，保持对线路晚点及调整情况的实时监视。

（3）严重晚点下的运行调整。严重晚点情况下，需要由线网调度员牵头，组织各线路调度员，制订全网运行调整计划。线网行车调度系统需要支持调整列车停站时间，变更跨线列车运行交路，临时增开或者取消跨线列车等运行调整措施。线网行车调度系统需要支持对全网计划进行统一变更,并由各线路行车调度系统确认后生效。

4. 全网故障监测与应急处理

通过设置全网故障自动监测、操作接管,以及调度指令传递等功能,为线网调度员提供应急处理方法与手段。

(1)全网故障自动监测。对全网系统运行状况进行监测,对故障进行分类报警。重点对列车跨线运行情况进行监测,通过对列车位置的实时跟踪,结合相应的列车运行计划,对跨线列车接入和交出情况进行判断。如果发生接入或者交出严重晚点,顺序错误等情况,立刻发出告警信息。

(2)操作接管。正常情况下,线网调度员只负责对线路设备及运营状况的监视,所有控制作业由线路调度员完成。紧急情况下,线网调度员可以具备对扣车等部分功能的操作接管。

(3)调度指令传递。通过线网行车调度系统与线路行车调度系统之间建立日常的信息交互通道,保证调度员能够迅速进行调度指令的发送,并反馈信息接收状态。针对典型情况制定专用的信息模板,提升紧急情况下的应急处置能力。

城市轨道交通互联互通不仅仅是设备接口协议的标准化和设备的互换问题,也改变原有城市轨道交通以单线为基础的行车调度指挥模式。因此,建立一个线网行车调度系统,以处理网络化条件下列车跨线运行相关问题,成为城市轨道交通互联互通系统建设的一个重要需求。

6.3 信号系统与网络化运营

信号系统体现在网络化上的最大特点是互联互通功能。CBTC 互联互通,是不同 CBTC 厂商提供的不同车载和轨旁子系统之间,不同 ATS 和数据传输系统之间的接口规范。CBTC 系统互联互通是城市轨道交通网络化建设和运营的要求,信号系统实现了互联互通,轨道交通网络就可实现联通、联运,轨道交通的建设、运营、管理就可实现资源共享,减少轨道交通的建设和运营成本。

6.3.1 CBTC 系统互联互通的目标

CBTC 系统互联互通的主要目标,是支持城市轨道交通网络运营的联通联运,可使不同线路上的列车混跑运营,甚至满足混合交路的运营要求,目标如下。

(1)装备了一个供货商的车载设备列车,有能力在安装了另一个供货商的轨旁设备区段运行。

(2)某个供货商的车载设备中的一个基本工作单元,可以在由其他供货商提供的车载无线通信设备中工作。

(3)在重叠的区段,2个供货商的轨旁设备可以互相通信并能与同一个中心 ATS 设备进行通信。

以上是开发互联互通 CBTC 系统的基本原则，也是轨道交通运营商规划和设计 CBTC 系统的基础。因此，设计子系统接口，以便不同子系统之间能相互工作，要求各子系统间交换的数据信息必须一致，线路数据库必须能被所有供应商的子系统识别。

由于各信号系统供货商的设备是独立开发的，各种类型信号系统的构成、配置和工作原理都不相同，要做到设备间互联互通非常复杂，必须解决设备类型、控制模式、接口开放程度、互联互通程度，以及工程中如何验证、设计和规划等系列问题。因此，即便是有了互联互通的标准和设备，在工程中依然要通过整体规划和设计来实现不同供货商提供的信号系统间的互联互通。

6.3.2　互联互通 CBTC 系统组成方案

为实现 CBTC 系统的互联互通，将其划分为车载层、轨旁层、中心层 3 个层次；车载子系统（VOBC）、轨旁子系统（区域控制器（MAU）和联锁子系统（PMI））、ATS 子系统和数据通信子系统（DCS）4 个子系统。CBTC 系统的组成如图 6.5 所示。

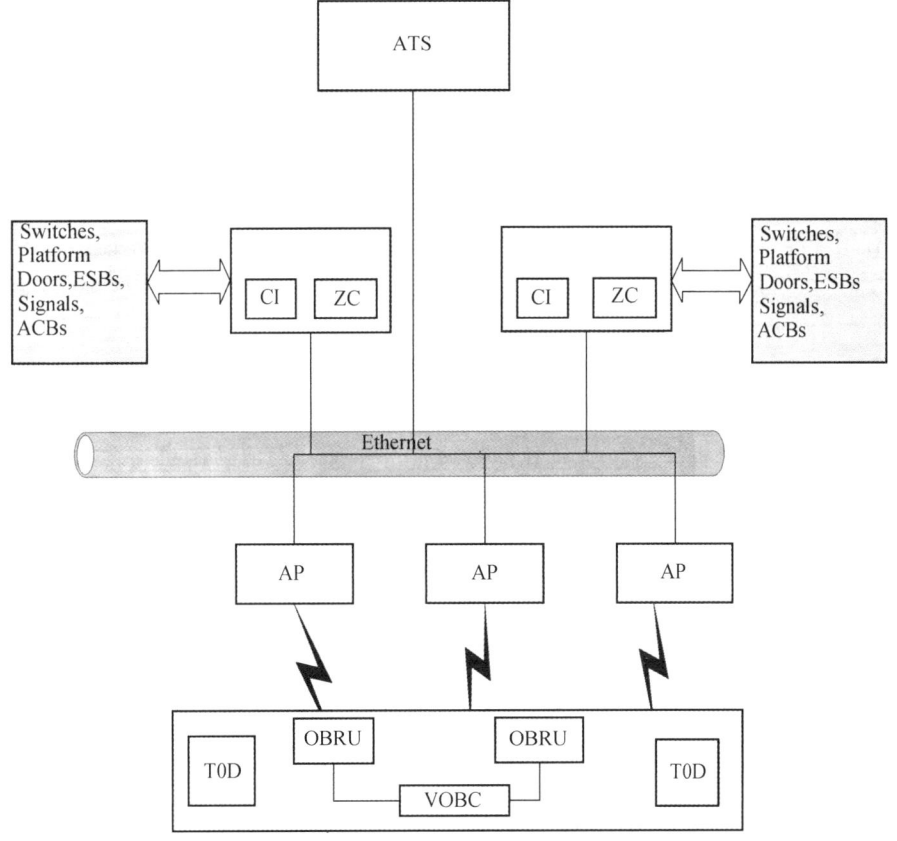

图 6.5　CBTC 系统的组成

（1）数据通信子系统。它是实现 CBTC 系统互联互通的关键，主要作用是在各个子系统之间传输报文，而这些子系统大部分都是移动的。DCS 是一个单独的网络，对于报文传送来说是完全透明的，实时性高，信息量大。虽然 DCS 系统所传输的是安全型的列车控制信息，但其本身并不是一个安全型系统，只是一个可靠的数据传输系统，而为了实现 CBTC 的互联互通，DCS 采用具有开放标准协议和接口的商用设备（COTS）。DCS 由有线部分及无线部分组成，其中有线网络推荐采用 IEEE802.3 的以太网标准，采用 UDP/IP 协议来传输 ATC 报文，并通过 IPSec 协议来保证网络的保密性。系统的各个部分通过冗余的光纤骨干网互相连接起来。一段骨干网络构成轨旁网络，且沿线路延伸。ATS 网络为冗余的局域网，经冗余交换机连到骨干网。沿线车站设备与轨旁网络交换机连接，连接到交换机的还有供应轨旁无线单元（WRU）的分/插链。每个 WRU 包含一个无线接入点（AP），每个供应链都能支持 10 个或更多的 WRU，并且每端都分别与不同的网络交换机连接，这就为 WRU 提供了一系列冗余的本地供应网络。无线链路的一端是 AP，而另外一端则在列车上，并连接到车载无线单元（OBRU）。每个交换机的端口以及 OBRU 都有一个鉴定网关（一个保密器件 SD），SD 保证 DCS 网络的报文鉴定。

（2）车载子系统。它负责确定列车的位置，监控列车速度，保证正确的制动，管理列车控制模式，是安全型配置的设备。为实现互联互通，车载子系统硬件须是模块化的、可以扩展的，以保证在配置后能支持不同类型的列车。车载子系统包括：车载控制单元，速度、位移传感器，用于列车定位的咨询应答器及天线，显示必要的驾驶信息、CBTC 状态和报警的司机操作单元，以及用于列车位置初始化和提高列车位置测量精确度的信标。车载控制器是车载子系统的核心，它与速度/位移传感器和查询应答器进行接口，以确定列车的位置；与列车司机显示器接口，显示驾驶信息、设备状况，以及向司机报警。

（3）轨旁子系统。它主要由区域控制器（ZC）、对象控制器组成。轨旁 ZC 容纳了在其区域内所有列车送来的位置信息，根据已知所有障碍物的位置，确定所有在其区域内列车的移动授权。这些障碍物包括列车、封锁的区域、失去表示的道岔等。ZC 也响应来自相邻 ZC 的移动授权请求。

轨旁设备支持 2 种配置：

方式 A：一个轨道区段可同时受 ZC 和单独的计算机联锁（CI）共同控制，ZC 从 CI 接收道岔状态信息；CI 直接与轨旁的其他设备接口，如站台屏蔽门等，根据接收到的 ATS 进路请求来控制道岔。

方式 B：受包含联锁功能的 ZC 单独控制，其联锁功能由 ZC 完成，ZC 直接与道岔和屏蔽门等进行接口；根据从 ATS 接收到的进路请求，ZC 控制道岔完成联锁功能。

依据互联互通 CBTC 系统应尽量采用模块化设计的原则，轨旁子系统建议采用方式 A 进行配置。

（4）列车监控子系统（ATS）。ATS 子系统提供自动列车进路和运行图调整。ATS 内部网是一个冗余配置的网络。这个网络的切换操作对于 ATS 软件来说是独立的。

6.3.3 互联互通 CBTC 系统功能方案

整个系统包括 CBTC 地面设备和车载设备，地面设备和车载设备通过数据通信网络连接起来，构成系统的核心。为了实现系统的互联互通，将 CBTC 每个主要功能分配到不同的子系统中，进行功能分配时主要遵循以下原则。

（1）一些功能完全是在一个子系统内部处理的，不必对接口和子系统的互联关系作详细说明。

（2）其他一些功能是由一个以上子系统所完成的，必须定义每个子系统所承担的功能。包括：分配给每个子系统的部分需求和定义相关功能性接口；创建与其他接口的连接等。互联互通CBTC系统的基本功能分配框图如图6.6所示。

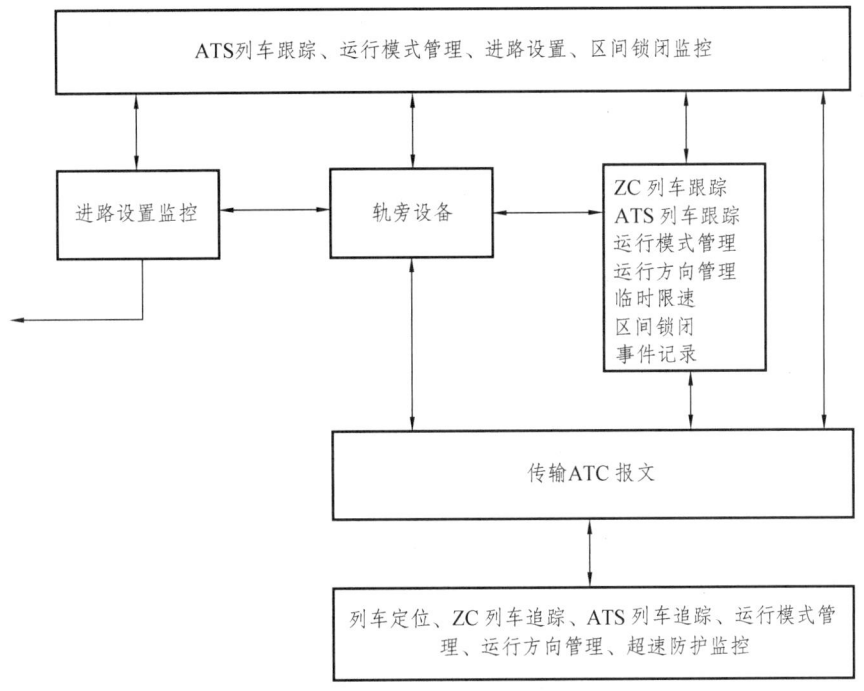

图 6.6　互联互通 CBTC 系统的基本功能分配框图

6.3.4　互联互通 CBTC 系统车-地通信方案

1. 车-地通信方式的选择

交叉感应电缆环线作为车-地数据传输媒介，车-地间直接通过电磁感应方式交换信息，传输特性好、抗干扰能力强，但需要在道床上安装感应电缆环线，受土建安装条件限制，数据传输速率也较低，数据传输采用专用的通信协议，开发厂家少，因此不利于实现信号系统的互联互通。

基于漏泄电缆、漏泄波导管、无线电台传输车-地信息的CBTC-RF系统，其车-地间的无线扩频传输采用通用的IEEE802.11系列标准。由漏泄波导和漏泄电缆构成的无线局域网，传输链接性能可靠，但对移动列车车载天线的安装有一定位置要求，且波导管和漏缆的安装依赖于轨道道床或隧道等建筑物。使用无线天线采用空气自由传播方式的WLAN，其轨旁设备的安装独立于轨道，对车载设备的天线安装无特殊要求，传输链路的可靠性可通过场强的重叠覆盖来提高，列车的跨线运行不受车载天线与地面传输媒介间的特殊气隙影响。因此，采用WLAN作为CBTC系统的车-地通信方式满足CBTC系统互联互通的需求。

2. CBTC 系统交换的信息

在 CBTC 系统中，存在车载控制器-区域控制器、车载控制器-ATS、区域控制器-ATS、区域控制器-区域控制器之间的双向数据通信。DCS 子系统是数据通信的通道和载体，其有效性和可靠性直接影响整个 CBTC 系统的性能。

（1）从车载控制器发送到 ATS 的信息，包括但不限于：列车 ID、列车运行方向、列车位置、列车速度、紧急制动（EB）状态、列车运营模式、车载控制器故障。

（2）从 ATS 发送到车载控制器的信息，包括但不限于：列车运行类型、列车停站时分、列车在车站扣留、进路。

（3）从区域控制器发送到 ATS 的信息，包括但不限于：列车数量、列车状态、列车运行方向、列车位置、轨旁设备数量、设备 ID、设备类型、设备状态。

（4）从 ATS 发送到区域控制器的信息，包括但不限于：开放／关闭区域、进路请求取消。

（5）从车载设备发送到区域控制器的信息，包括但不限于：列车 ID、列车运行方向、列车位置、位置不确定性（cm）、速度（cm/s）、倒溜可能偏差（cm）、紧急制动（EB）状态、运营模式、LMA 延伸请求。

（6）从区域控制器发送到车载控制器的信息，包括但不限于：静态线路数据库版本号、系统参数数据库版本号、动态线路数据库版本号、障碍物类型、允许列车运行的方向、移动授权权限。

（7）区域控制器之间的信息，包括但不限于：静态线路数据库版本号、边界点数量、边界点的边线号、列车数量、列车 ID、列车状态、列车运行方向、列车合理位置、列车完整性。

3. 车-地通信的信息帧格式设计

CBTC 中的车－地间双向信息按帧发送，信息帧的内容、长度等必须统一。

（1）信息帧中包含接收方地址，确保信息被指定的车载设备、车站或控制中心接收、处理。

（2）信息帧中包含发送方地址，确保信息来自指定的车载设备、或控制中心，防止人为干扰、破坏。

（3）信息帧包含起始标志和结束标志，标明一帧信息的开始与结束。

（4）信息帧中包含信息头，标明信息的类型。

（5）信息帧中包含这一发送信息帧的长度。

（6）各种变量组成信息帧的内容，如位置、速度、时间变量等。

（7）CBTC 系统具有统一的时钟，发送的帧信息应包含发送时间戳，如果是应答信息则应同时包含接收时间戳。区域控制器向车载设备发布运行权限的信息帧格式如表 6.1 所示。

总之，信号系统的互联互通非常重要，应依据 CBTC 互联互通的目标提出实施原则和设计原则，并在此基础上归纳系统结构、系统功能分配、接口技术，从而提出 CBTC 实现互联互通的详细技术要求和规范，确定采用 WLAN 实现车、地间通信。

表 6.1　区域控制器向车载设备发布运行权限的信息帧格式

内容	位数	表示范围	备注
起始标志位	8		表明一帧信息的开始
信息类型	16	0~65535	
信息长度	8	0~255	信息所含字节数
信息编号	10	0~1023	信息编号循环计数
发送信息时间戳	24	$1 \sim (2^{24}-1)/10$	表示精度为 0.1 s
发信车站控制中心编号	16	$1 \sim (2^{16}-1)$	每个 DCC 都有各自的 CSS 编号
收信列车编号	20	$1 \sim (2^{20}-1)$	包括车次号、机车编号等
运行权限	20	0~300 km	运行权限空间限制点位置
参考位置提供设备编号	24		提高对数刻度表示方法的精度
前车速度	10	0~500 km/h	表示精度为 0.5 km/h
前车机车工况	4	3	牵引、惰行、制动
临时限速	170		预留 5 段限速区域的限速起始位置和限制速度
动态速度曲线	180		动态速度曲线上 6 个离散点的位置、速度信息
应答标志	2	2	表示上一帧是否正确接收
接收信息时间戳	24	$0 \sim (2^{24}-1)/10$	表示精度为 0.1 s
信息优先类型	4	0~15	0~15 个优先等级
结束标志	8		表明一帧信息的结束

参考文献

[1] 徐金祥,冲蕾. 城市轨道交通信号基础[M]. 北京:中国铁道出版社,2010.

[2] 徐金祥等. 列车运行自动控制技术[M]. 北京:中国铁道出版社,2013.

[3] 徐纪康. 城市轨道交通列车运行过程仿真研究[D]. 上海:同济大学,2008.

[4] 毕湘利. 从网络化运营角度看当前城市轨道交通应关注的问题[J]. 地下工程与隧道,2010(4):8-11.

[5] 于超,郑生全,石文静. 城市轨道交通CBTC系统互联互通方案研究[J]. 铁道通信信号,2010,46(1):44-47.

[6] 武永军. 城市轨道交通信号系统互联互通解决方案[J]. 通信设计与应用,2014(5):7-9.

[7] 任飞,王伟,李腾,张可. 基于互联互通的城轨网络化运营行车交路策略研究[J]. 铁路计算机应用,2015,25(5):10-18.

[8] 蔡佳妮. 基于网络化运营的城市轨道交通控制中心设置研究[J]. 城市轨道交通研究,2014(2):14-18.

[9] 段綦,孙章,徐金祥. 基于无线通信的列车控制技术与互联互通[J]. 城市轨道交通研究,2004(1):10-12.

[10] 张德明. 城市轨道交通互联互通线网行车调度系统的研究[J]. 城市轨道交通,2016,38(6):74-78.

[11] 张安峰,刘涛. 城市轨道交通网络互联互通的四种运营模式[J]. 城市轨道交通研究,2016(7):127-132.

[12] 范荣魏. 燕房线全自动无人驾驶车辆制动系统[J]. 铁道机车车辆,2016,36(5):107-114.

[13] 上海自仪泰雷兹交通自动化系统有限公司. 上海自仪泰雷兹交通自动化系统有限公司信号系统培训资料. 上海:2013—2017年.

[14] 卡斯柯信号有限公司. 卡斯柯信号有限公司信号系统培训资料. 上海:2013年-2017年.

[15] 上海富欣智能交通控制有限公司. 上海富欣智能交通控制有限公司信号系统培训资料. 上海：2013—2017年.

[16] 陈志坚，胡威. CBTC"列车偏离"功能对上海轨道交通 8 号线增能的探讨[J]. 城市轨道交通研究，2014，17（4）：78-81.